RALPH DENK mit Tim Farin

NUR ALLES ZÄHLT

RALPH DENK mit Tim Farin

NUR ALLES ZÄHLT

Über Mindset und Erfolg im Profiradsport

riva

Bibliografische Information der Deutschen Nationalbibliothek
Die Deutsche Nationalbibliothek verzeichnet diese Publikation in der Deutschen Nationalbibliografie. Detaillierte bibliografische Daten sind im Internet über http://dnb.d-nb.de abrufbar.

Für Fragen und Anregungen
info@rivaverlag.de

Wichtiger Hinweis
Ausschließlich zum Zweck der besseren Lesbarkeit wurde auf eine genderspezifische Schreibweise sowie eine Mehrfachbezeichnung verzichtet. Alle personenbezogenen Bezeichnungen sind somit geschlechtsneutral zu verstehen.

Originalausgabe
1. Auflage 2023

Türkenstraße 89
80799 München
Tel.: 089 651285-0
Fax: 089 652096

Redaktion: René Stein
Umschlaggestaltung: Pamela Machleidt
Umschlagabbildung: veloimages
Satz: Daniel Förster
Druck: CPI books GmbH, Leck
Printed in the EU

ISBN Print 978-3-7423-2281-4
ISBN E-Book (PDF) 978-3-7453-2072-5
ISBN E-Book (EPUB, Mobi) 978-3-7453-2073-2

Wir produzieren nachhaltig
www.m-vg.de

Weitere Informationen zum Verlag finden Sie unter

www.rivaverlag.de

Beachten Sie auch unsere weiteren Verlage unter www.m-vg.de

Inhalt

Einleitung

Auf den Weg gemacht

»Wir sind jetzt zum dreizehnten Mal hier«, mault der bald fünfzig Jahre alte Oberbayer Ralph Denk, der eine Sport-Daunenjacke im Teamlook trägt und sich in einen Konvoi von Fahrzeugen seiner Mannschaft eingereiht hat. Es ist ein Februarmorgen um kurz vor acht, und gerade fährt Denk mit seinem Ford-Kombi auf eine belgische Autobahn. »Kein Witz, wir waren jetzt zwölfmal hier und fast immer ist was schiefgelaufen, oft richtig scheiße.« Eine Delegation seines Millionenunternehmens, des mit Abstand wichtigsten Radsportteams Deutschlands, ist unterwegs zu einem ganz besonderen Termin im Rennkalender, unterwegs von einem anonymen Vier-Sterne-Teamhotel an der Autobahn irgendwo in Flandern an einen der glorreichsten Orte dieser Disziplin.

Aber Denk sitzt regungslos hinterm Lenkrad, wie es einer tut, der viel unterwegs ist und für den bei einer Reise kein Zauber mehr innewohnt, sondern blanke Notwendigkeit. Wir fahren eine Dreiviertelstunde durch den kalten Morgen, die Sonne kommt spät heraus über der noch fast leeren Autobahn, und es fällt nicht schwer, Ralph Denk abzunehmen, dass er »kein bisschen nervös« ist. Er fährt, er beantwortet die Fragen des Beifahrers ohne Allüren, er folgt den anderen Fahrern vor ihm und parkt endlich in der historischen Halle gleich neben Belgiens Kult-Radrennbahn ’t Kuipke, wo schon Tausende Fans auf den Beinen sind und auf die Stars ihres Lieblingshobbys warten. Denk folgt den Anweisungen eines Ordners, legt den Rückwärtsgang ein, rollt den Kombi zurück in die vorgegebene Position neben dem Bus und begibt sich in Deckung. Er ist der Chef eines Starensembles, das an diesem Morgen in Flandern den traditionellen Auftakt in die europäische Klassiker-Saison angeht. Aber Denk bleibt im Hintergrund, wo ihn kaum jemand trifft, und selbst wenn die Fans vor dem Absperrkordon ihn sähen, die allerwenigsten würden den Fahrer des Fahrzeugs mit dem amtlichen Kennzeichen KU-BOH 1 erkennen.

Denk ist einer für hinter den Kulissen. Er reicht seiner Schwester, die ihn seit Neuestem im Marketing unterstützt, einen Zugangspass für die offizielle Eröffnungsfeier, bei der die Radsportfanatiker in der Radhalle die Mannschaften zelebrieren. Denk will da gar nicht erst hin, zu viel Rummel, das überlässt er seinem Gast, also mir. Ich beobachte von der VIP-Tribüne den letzten Wheelie von Denks ehemaligem Superstar Peter Sagan auf dem Oval, höre den Applaus und spüre die fachkundige Begeisterung der Menschen, die Denks Sport und Geschäft die Basis bieten. Beim Blick runter auf die Karte am Halsband fällt erst auf, wie ungewöhnlich der Zugang ist: »Team Director« steht auf dem bedruckten Plastik, das Denk seinem Gast hat weitergeben lassen. Denk hat seinen Status weitergegeben an seinen Ghostwriter, mit dem er seit ein paar Monaten zusammen an diesem Buch arbeitet. Er kennt das Geschäft, die Orte, die Eindrücke. Er braucht sie nicht mehr zu sehen. Er gibt das Privileg gern weiter und redet nicht mal drüber. Es passiert einfach.

Ralph Denk hat einen markigen Spruch gebracht, der sein Leben prägt. Diesen Spruch, der auch eine Kampfansage war, hat er seinem Lehrer einmal ins Gesicht gesagt. Davon wird später zu lesen sein. Obwohl man weiß, dass Denk einer ist, der Großes vorhat und sich kaum je zufriedengibt, ist er zugleich ein sehr zurückhaltender Zeitgenosse. Für jemanden, der aus dem Nichts eines der erfolgreichsten Teams seiner Sportart geschaffen hat, und das nicht nur im Straßenradsport, sondern vorher schon mit dem Mountainbike, ist er enorm öffentlichkeitsscheu. Er macht, was er machen muss, wenn es um Presse geht. Man kann ihm abnehmen, dass es ihm dabei nicht um die große Bühne geht.

Dass Sie heute sein Buch in den Händen halten, hätte Ralph Denk deswegen vor nicht allzu langer Zeit wohl selbst kaum geglaubt. Ein Jahr bevor diese Mischung aus Mindset-Ratgeber und Autobiografie vor der Tour de France 2023 in den Handel kam, wirkte Denk selbst noch äußerst zurückhaltend. Es gab Vorgespräche zwischen Verlag und ihm, doch weiter kam man bis zum Spätsommer nicht. Dafür sind wir im Laufe einer Winterpause und einer Frühjahrssaison weit gekommen. Zwar kannten sich Denk und sein Co-Autor schon vom Telefon, doch richtig begegnet waren sie einander noch nie – und so war auch nach einer ersten Zoom-Konferenz im September 2022 kaum greifbar, welche Geschichte Ralph Denk in den kommenden Monaten erzählen würde.

Zu diesen Zeilen war es also ein weiter Weg. Ralph Denk und sein Ghostwriter trafen sich zuerst virtuell, dann saßen sie im Herbst zwei lange Tagessitzungen miteinander im noch spätsommerlichen Raubling, wo sie einander erst kennenlernen mussten. Auffällig ist dabei, dass Denk während eines solchen Treffens sehr zurückhaltend auftritt, keine Sprüche klopft, auf Small Talk oder persönlichen Austausch verzichtet – aber einen Plan hat. Es dauert, bis er den Kontakt ausbaut. Im Winter trafen Protagonist und Co-Autor sich noch mal in Raubling, diesmal schon vertrauter, und zum Abschluss der zwei Tage sagte Denk zum Journalisten: »Jetzt muss ich mal ganz blöd fragen: Interessiert das überhaupt irgendwen, was ich zu erzählen habe?« Der Zweifel war echt, sodass der Gesprächspartner dem erfahrenen Manager versichern musste: Ja, das ist Material, das für Radsportfans, aber auch Sportmanagement-Interessierte ebenso wie für Menschen spannend ist, die sich mit Unternehmertum und Führung auseinandersetzen.

Der Austausch zwischen Denk und seinem Mitstreiter zeigt auch, wie atemlos der Radsport funktioniert. Wir saßen eben nicht nur im Konferenzzimmer in Raubling, wo natürlich ständig Mitarbeiter des Teams eilige Anrufe dazwischenwarfen, wir sprachen auch in einer Hotelbar in Roeselare, im Auto auf dem Weg zum Omloop Het Nieuwsblad, dem ersehnten Klassiker zwischen Gent und dem flämischen Provinzörtchen Ninove, wir trafen uns zwei Wochen später auf einem Parkplatz in der sonnigen, aber noch kühlen Toskana und dann noch einmal einen Monat später mitten in der historischen Altstadt von Brügge, wo die Flandern-Rundfahrt, eines der Monumente des Radsports, ihren Start zelebrierte. Denk wirkte immer gleich: ruhig, skeptisch, ein bisschen schelmisch, auf jeden Fall schüchtern. Doch in der Zwischenzeit war Vertrauen zwischen ihm und seinem Gesprächspartner gewachsen, auch darin, dass seine Gedanken für ein Publikum spannend sein würden. Viele Zoom-, Google- und Telefongespräche rundeten das Projekt ab. Wenn Texte abends kurz vor Mitternacht bei ihm waren, gab Denk schon morgens um kurz nach acht Rückmeldung. Natürlich sei er da, wenn die Texte kommen, sagte Denk, was sonst?

Und natürlich ist Denk da und dabei, wenn seine Leute unterwegs sind. Wir stehen an der im Radsport weltberühmten Kopfsteinpflasterstraße Haaghoek. Das ist eine gepflasterte Trasse, die beim Örtchen Sint-Kornelis-Horebeke nicht nur die Arme der Fahrer gehörig durchschüttelt, wenn sie ihre Position im Feld halten wollen. Ralph Denk ist mit seinem Ford so schnell wie möglich von der großen Zeremonie beim Start in Gent dorthin gefahren, hat sich einen Platz am Straßenrand gesucht und sich dann für eine Wartezeit von gut drei Stunden eingerichtet. Es gibt Wasser aus Plastikflaschen, Sandwiches und Salat aus der Kühlbox – und dazu läuft Radsport aus den Emiraten über das Tablet rechts neben Denks Steuer. Er ärgert sich kurz, weil sein Fahrer ein paar Tausend Kilometer entfernt die falsche Entscheidung im Zielsprint trifft, er ärgert sich überhaupt darüber, dass an diesem Tag hier in Belgien eines der größten Spektakel seines Sports stattfindet – und zugleich Weltklassefahrer bei Rennen in Dubai und Frankreich auftreten. »Das kann man doch nicht mehr vermitteln«, sagt Denk. Ihm schwebt ein anderer Sport vor, er redet von Reformen, davon, dass die Toprennen auch die Topfahrer verdient haben und keinen parallel stattfindenden Wettbewerb, der die Sache verwässert.

Gleich geht er raus aus dem Auto in die sehr windige Kälte, öffnet der Kofferraum und schreitet – ebenso wie die belgischen mittelalten Männer mit Biergläsern und Dosen in ihren

Händen – ein paar Hundert Meter die Straße zurück am Kopfsteinpflaster entlang. Er lässt sich nur mit etwas Widerstand eines der beiden Laufräder abnehmen, die er als Ersatz für seine Fahrer dabeihat, auch die Trinkflaschen stopft er sich fast alle unter die Weste seines Teams. Dreimal läuft Denk an diesem Tag von seinem Auto zu dem Platz, wo er den Fahrern Hilfe anbietet, dreimal nimmt niemand diese Hilfe an, danach eilt Denk wieder ins Auto und brettert dem Ziel entgegen. Da steht er dann, mit derselben Miene wie am Morgen, neben dem Bus. War nix, geht weiter. So ist das eben.

An einem solchen Tag, an dem für Ralph Denk nichts Besonderes passiert, passiert aber sehr viel, das diesen Mann spannend macht. Denn er steht eben als Teamchef selbstverständlich an der Strecke. »Klar, wenn ich das nicht machen würde, dann wäre das doch ein ganz schlechtes Zeichen«, sagt er. Denk hat aus eigener Kraft eine Organisation aufgebaut, die nicht nur erfolgreich ist, sondern auch für ihren Führungsstil beachtet wird. Dahinter steckt keine abgehobene Philosophie, sondern gerade auch Hemdsärmeligkeit und Fleiß. Denk ist nicht nur bei den Rennen, er packt an wie eh und je. Wenn mal etwas am Bus defekt ist, vielleicht eine Leitung, dann kümmert er sich sogar darum. Denn Denk will, dass seine Leute, die Fahrer, die Trainer, die anderen Mitarbeiter genauso verantwortungsvoll auftreten wie er selbst.

Auch der dreizehnte Auftritt beim Omloop in Flandern verläuft für Denk und sein Team glanzlos, Ruhm und Ehre bleiben versagt. Schnell eilt der Fahrzeugkonvoi zurück zum Hotel. Es geht weiter. Denn der Mann hat Großes vor. Man sieht es nur nicht sofort.

Kapitel 1

Verblöde keine Zeit!

Man muss nicht auf die Wirtschaftshochschule gehen, um eine der wichtigsten Grundlagen des Erfolgs zu verinnerlichen. Das ist zumindest meine Überzeugung. Und die habe ich schon sehr lange. Man kann sehr viel Zeit und Möglichkeiten verschwenden, wenn man nicht weiß, wo es hingehen soll. Oder man nimmt eine Haltung an, in der man extrem ehrgeizig ist und sich gleichzeitig ständig hinterfragt. Ich frage mich zum Beispiel jetzt gerade, ob meine Geschichte die Leute überhaupt interessiert. Das ist doch nur mein eigener Weg, von dem ich hier spreche, und ich war auch nie einer, der sich besonders gern in den Mittelpunkt gestellt hätte. Aber im Laufe der Zeit haben immer wieder Menschen gesagt: Wir wollen deine Geschichte hören, die ist spannend, die musst du mal erzählen. Also mache ich das hier und hoffe, dass sich von ihr auch etwas auf andere Zusammenhänge übertragen lässt. Ich fange mit einer Sache an, die ich schon sehr früh in meinem Leben verinnerlicht habe. Ich brauche Ziele – und, noch wichtiger, ein Kommando an mich selbst: Verblöde keine Zeit!

Es hat also eher wenig mit Eitelkeit zu tun, wenn ich Sie in diesem Kapitel in meine sehr lang überwundene Vergangenheit mitnehme. Hier geht es um meine Micky-Maus-Karriere im Leistungssport, an deren Ende ein harter Schnitt stand – an dem ich meine Emotionen überwunden und ein ganz neues Ziel gesetzt habe.

Springen wir zurück ins Oberbayern der späten Siebziger- und der Achtzigerjahre. Hier unten bei uns fühlen wir uns den Österreichern in Tirol verbundener als den Leuten in der eleganten Hauptstadt München, wir sind wirklich Provinz mit Blick auf die schönen Alpengipfel. Der Wintersport gehört zu unserem Leben, und so war das auch bei meinen Eltern. Sie waren bei uns in Bad Aibling aktive Alpinsportler im Verein, das war auch der Sport, den ich in der Kindheit bei ihnen sah und den ich als kleiner Junge dann auch ausübte. Das war eben so.

Meine Eltern waren, das kann man so sagen, ganz normale Leute. Arbeit und Sparsamkeit haben unser Leben damals geprägt. Meine Mutter war Buchhalterin und kümmerte sich um die Kinder und den Haushalt. Mein Vater hatte ebenfalls einen klassischen Beruf gelernt und war als Metallbauer und Werkzeugmacher tätig. Die beiden hatten ein Haus gebaut, sich dafür verschuldet und dann gearbeitet, um diese Last abzubauen. So war das Lebensmodell im Allgemeinen, so machten es die meisten. Es war warm und herzlich in meiner Familie, das war bei meinen Eltern immer so, und dafür bin ich ihnen bis heute dankbar. Sie unterstützten mich immer, auch später in meinem Sport. Ich habe sie, als ich in der Lage war, selbst in mein Unternehmen übernommen, heute helfen sie mir. Damals haben sie immer sehr viel für mich getan. Aber etwas an ihrem Lebensmodell hat mich angetrieben, es anders zu machen. Wenn wir ins Wirtshaus gingen, dann bestellten wir nur in den seltensten Fällen etwas zu essen – ein feudales Leben sieht anders aus. Das wollte ich anders haben, nicht unbedingt protzig, sondern mit anderen Möglichkeiten.

Ich hatte höhere Ziele und hatte immer Ehrgeiz. Aber ich bin auf die Hauptschule gegangen, wie man es damals als Kind aus einem Haushalt wie dem unseren so tat. Alles war geordnet bei uns zu Hause, bei uns in Bayern. Ich lehnte mich dagegen schon recht früh auf. Eine meiner liebsten Erinnerungen aus der Schulzeit ist ein Dialog mit meinem Lehrer in der siebten oder achten Klasse, als es um Ziele ging.

»Was ist denn dein Ziel?«, hat der Lehrer mich gefragt. Meine Antwort: »Ich möchte einmal mehr Geld verdienen als Sie.« Das hat ihn überrascht, er hat gelacht. Ich glaube, dieses Ziel habe ich erreicht.

Bevor wir gleich weiter meinen letztlich erfolglosen Versuch einer Sportlerkarriere in den Blick nehmen, lassen Sie uns noch mal kurz auf das Ziel schauen: »Mehr Geld verdienen als Sie.« Das war damals natürlich sehr einfach ausgedrückt, aber es war auch ziemlich ehrgeizig für einen Jungen meiner Herkunft. Solche Ziele sind meiner Meinung nach wichtig, damit man sich aufrafft und das Wichtige vom Unwichtigen unterscheidet, damit man in seinem Leben weiterkommt und nicht seine Energie verschwendet. Mehr Geld verdienen, einen »feudaleren« Lebensstil als meine Eltern pflegen, das kann man auch anders verstehen, als ich es meinte. Deswegen erkläre ich Ihnen, was dahintersteckt.

Hinter dem »mehr Geld als Sie« steckt das eigentliche Ziel, finanzielle Unabhängigkeit zu erreichen, indem ich meine Fähigkeiten effizient einsetze. Heute, gut drei Jahrzehnte später, kann ich diesen Wunsch noch immer nachvollziehen und bin froh, dass ich damals schon so fokussiert war. Ich kann heute eindeutig feststellen: Ich habe einen hohen Grad finanzieller Unabhängigkeit erlangt, und das wäre mir weder in einem Ausbildungsberuf noch als Hauptschullehrer auf diese Weise gelungen. Es gelang mir mit einem Geschäft, das ich aus eigenen Stücken aufgebaut habe – eine wichtige Zwischenstation in meinem Leben.

Vielleicht war mir das als Teenager noch nicht ganz klar, aber es geht bei diesem Mindset gar nicht um Statussymbole. Die waren mir schon früher nicht wichtig und sind mir heute scheißegal. Wenn Sie mein Leben von außen beobachten, weiß ich auch nicht, ob Sie überhaupt einen Unterschied zu dem meiner Eltern von damals feststellen würden. Gut, im Wirtshaus ist es mir gleich, wenn die Rechnung mal etwas höher ausfällt. Und wenn es die Bio-Südfrüchte sind, auf die ich Lust habe, dann ist es mir wurscht, ob die Mango zwei, sechs oder acht Euro kostet. Es geht mir darum, ein Leben zu führen, in dem ich keine Einschränkungen erlebe bei dem, was mir wichtig ist. Dieses Stadium habe ich seit einiger Zeit erreicht, an dieses Ziel bin ich gelangt. Ich trage keine Designerklamotten, ich habe noch nicht einmal eine Uhr – was soll ich denn damit? Es gibt doch ein Handy, das die Zeit anzeigt. Aber ich habe ein Bankkonto, das mir Freiheit garantiert. Ich habe Immobilien, selbst bezahlt, die mir Sicherheit geben. Ich könnte mir heute den Porsche locker kaufen, den auch ich als junger Mann in der Berufsausbildung immer mal wieder mit Sehnsucht angeschaut habe, aber er interessiert mich nicht mehr. Ich habe keine materiellen Träume: Ich brauche keine Jacht und keine Luxusvilla auf Mallorca.

Was ich brauche, sind Ziele und die Haltung, das Wichtige vom Unwichtigen zu unterscheiden. Das war damals so, das ist meine Lebensweise geblieben. Es ist allerdings gar nicht so einfach, dafür Verständnis in seinem Umfeld zu finden. Nehmen wir nur die Schule. Wenn Sie meine Noten aus der Hauptschule anschauen, dann ist die Streuung immens. Ein guter Schüler war ich ganz sicher nicht. Aber das war schon Ergebnis einer sehr klaren Haltung. Ich hatte einfach keine Lust auf dieses System, und was auf dem Lehrplan stand, war mir viel zu unspezifisch. Ich war gut in den Fächern, wo mich etwas interessierte. Das war vor allem Mathe. Ich denke, wenn man die vier Grundrechenarten gut beherrscht, kommt man immer noch weit. Mich hat auch Geschichte interessiert, wie also alles zustande kommt. Andere Fächer habe ich ausgeblendet, Sozialkunde und Religion zum Beispiel. So hatte ich auf dem Zeugnis Einser und Fünfer. Das hat mir aber, anders als den Lehrern und meinen Eltern, nie Sorgen bereitet.

»Mehr Geld verdienen als Sie.« Man konnte mich für überheblich halten, vielleicht sogar für ein wenig dumm, weil ich (vermeintlich) nicht sah, was wirklich los war und welcher mein mir vorgezeichneter Weg war. Als ich fünfzehn Jahre alt war, habe ich eine Lehre zum Kunststoffformgeber begonnen. Ich denke nicht, dass man mich in dieser Phase als besonders ambitioniert wahrgenommen hat, wenn es um den zu erlernenden Beruf ging. Lustigerweise schickte mir vor Kurzem mein damaliger Lehrherr – nennen wir ihn »Hartl« – ein Zeugnis zu, das er noch aus meiner Berufsschulzeit hatte. Darin stand: »Der geschwätzige und leicht ablenkbare Schüler tut sich schwer, konzentriert zu arbeiten. Er fehlt relativ häufig. Seine Mitarbeit war unterdurchschnittlich.« Ich muss immer wieder lachen, wenn ich das lese, denke aber, meine Eltern haben das damals anders aufgenommen. Aber hinter dieser Beurteilung von außen steckt ein Missverständnis: Ich habe auch damals schon ziemlich genau gewusst, was ich wollte – und der Rest hat mich einfach nicht interessiert. Das sieht dann für einen Lehrer vielleicht aus wie der nächste Schüler, der mangels Talent und Ehrgeiz vor sich hin dümpelt.

Dass ich diese Lehre überhaupt angefangen habe, war nicht meine Idee. Es waren die Lehrer an der Hauptschule und dadurch eben auch meine Eltern, die mir der guten Ordnung halber eine solche Ausbildung einredeten. Das war eine Laufbahnentscheidung, die ich nie wieder so treffen würde. Sie war von anderen vorgegeben und hätte niemals die Möglichkeiten geboten, meine damaligen Ziele zu erreichen. Allerdings habe ich mich drauf eingelassen, und das wiederum hat mit dem Radsport zu tun – und der Idee, mit dem Sport an mein großes Ziel zu kommen.

* * *

Meine sportliche Laufbahn auf dem Rennrad begann mit einer Verletzung. Als Kind war ich Skifahrer, doch mit vierzehn Jahren habe ich mir beim Schulsport die Kniescheibe gebrochen. Das bedeutete eine Pause von einem Jahr – und natürlich in dieser Lebensphase oft auch das Aus, ändert sich zu der Zeit doch alles sehr schnell bei jungen Menschen im Kopf und im Körper. Nach dieser Verletzung suchte ich mir neue Vorlieben und stieg in den Radsport ein, beim RSV Götting-Bruckmühl gab es gute Nachwuchsarbeit, und mir machte das Radeln großen Spaß. So viel, dass ich schon bald auf Leistungssportniveau unterwegs war. Und da passte die Lehre eben doch ganz gut: In meinem Unternehmen hatten wir einen festen Schichtbetrieb von sechs Uhr morgens bis zwei am Nachmittag. Was ich da so an Wissen und Können über einen für mich uninteressanten Job vermittelt bekam, nahm ich nebenher mit. Meine eigentliche Arbeit übte ich am Nachmittag aus, den ich zur freien Verfügung für mein eigentliches Ziel hatte: die Verbesserung meiner sportlichen Leistungsfähigkeit. Ich muss auch lachen, wenn ich daran denke, dass ich Handwerker hätte werden sollen: Klar, ganz ungeschickt bin ich nicht. Aber das Werkeln interessiert mich überhaupt nicht. Ich hänge zu Hause nicht einmal die Bilder selbst an die Wand. Es macht mir einfach keinen Spaß.

Spaß hatte ich allerdings am Sport. Noch dazu, weil ich relativ schnell gemerkt habe, dass ich mehr Talent hatte als viele andere, und auch dass sich meine Arbeit in Erfolg messen ließ. Als ich in die Lehre startete, verfolgte ich bereits ein sehr großes Ziel, man kann schon von Traum sprechen: Ich hatte das Ziel, ein erfolgreicher Radprofi zu werden und damit eben den Weg zur finanziellen Unabhängigkeit zu finden. Mir war damals klar, dass das keine sichere Sache war. 100 Prozent überzeugt war ich nie, dass ich das Ziel auch erreichen könnte. Aber an der Arbeit sollte es auf keinen Fall scheitern. Also trainierte ich in meinen Teeniejahren mit großem Fleiß und fuhr in Bayern auf höchstem Niveau. In der Juniorenklasse war ich schon weit, ich feierte im Laufe der Jahre in der Jugend und bei den Junioren mehrere Landesmeisterschaften auf der Bahn und wurde so stark, dass ich mich auch vor internationalen Wettbewerben nicht fürchten musste. Ich war kein Überflieger, das war mir damals schon bewusst, weder in der U17 noch in der

U19, also in den letzten beiden Klassen vor dem Einstieg in den damaligen Amateursport. Die U23 als Nachwuchsklasse, die es heute gibt, war damals noch nicht eingeführt. Ich arbeitete also auf den Horizont hin, auf die Zwischenbilanz am Ende der U19: Würde ich das Zeug haben, um im Amateurradsport weiter hochzukommen?

Wenn Sie ein Ziel erreichen möchten, ist es wichtig, dass Sie sich ihm in relevanten Schritten nähern. Das ist eine allgemeine Erkenntnis, die Sie überall umsetzen können. Später in meinem Leben war es wichtig, dass mein Radladen schnell die angepeilten Umsatzgrößen erreichte und steigerte, dass ich mit meinem Mountainbike-Team für die Werbewirkung den sportlichen Erfolg ausbaute – und dass ich mit meiner Rennrad-Equipe nicht von Jahr zu Jahr mit mickrigen Budgetschritten, sondern mit erheblichen Sprüngen in Richtung Weltspitze vorankam. Im Radsport kann man die Ziele und die Dynamik der Entwicklung sehr gut messen, denn wir arbeiten in festen, vergleichbaren Saisons mit sehr klar definiertem Jahresablauf. Da bleibt nichts verborgen. Sind die Schritte zu klein, flacht die Dynamik ab, dann muss man sich hinterfragen. Das ist meine Überzeugung.

Die Darmstädter Landstraße in Frankfurt ist in der Sportgeschichte der Bundesrepublik ein wichtiger Ort. Hier, auf der leicht ansteigenden Hauptstraße im Stadtteil Sachsenhausen, gehörte der Profisport jahrzehntelang zum öffentlichen Leben. Am 1. Mai war in Frankfurt nicht nur frei, man hatte wirklich einen Feiertag – bis heute ist das, inzwischen Eschborn-Frankfurt benannte und woanders endende Rennen, einer der wichtigsten Termine im deutschen Profiradsport geblieben. Damals wie heute jagten Weltstars erst durch den Taunus und schließlich für den Zielsprint in die Stadt, um einen renommierten Titel und Argumente für einen besseren Profivertrag einzuheimsen. Das Publikum in Frankfurt war bekannt dafür, dass es den Radsport liebte, es kannte sich aus, alte Männer und Väter mit Bier, Jungs, Menschen, die sich immer schon mit diesem Rennen beschäftigt und den Sport unterstützt haben, ein raues, ehrliches Ambiente. Es ist schade, dass es das alte Format heute nicht mehr gibt, aber es ist umso verständlicher und erfreulicher, dass im Hochglanz der Bankentürme ein moderneres Finish immer noch Bestand hat. Auch in Frankfurt hat man sich entwickelt, und das ist gut so. 1991 startete ich bei Rund um den Henninger-Turm, in meinem letzten Jahr bei den Junioren, ein Wettkampf mit internationalen Fahrern aus ganz Europa. Ich schaffte es zwar nicht ganz aufs Treppchen, aber mein vierter Platz, bejubelt von Fans vor der Kulisse des Henninger-Brauturms, war für mich Bestätigung. Während noch am selben Tag der spätere Mastermind hinter Lance Armstrongs Aufstieg, Johan Bruyneel, den Profisieg einfuhr, war mir klar: Ich bin weit genug gekommen, um auf die Karte Profiradsport zu setzen. Hätte ich in Frankfurt im Solo gewonnen, wäre die Sache völlig klar gewesen. So aber war es zumindest eine realistische Aussicht. Drei Jahre hatte ich jetzt bis zu diesem Ziel. Allerdings kam es anders. Und auch das war meine eigene Entscheidung.

Ich stamme aus demselben Jahrgang wie Jan Ullrich, der größte Radstar, den Deutschland jemals hatte. Ihn kannte ich damals natürlich schon, er war als Wunderkind aus Rostock nach Hamburg gegangen, sein Bundesligateam RG Hamburg, später Panasonic, mischte die Szene auf, großspurig aufgezogen vom Autohändler Wolfgang Strohband. Da war einer, der überragendes Talent hatte, das zog auch den ganzen Nachwuchs in Deutschland mit. Es war auch die Zeit, als der Radsport in Deutschland eine Leistungsexplosion erlebte. Es flossen damals zwei Systeme zusammen, das wissenschaftlich gestützte Sportwesen der Deutschen Demokratischen Republik traf auf kapitalstärkere Strukturen in der Bundesrepublik. Einer der großen Stars aus der untergegangenen sozialistischen Republik, Olaf Ludwig, war in der Blüte seiner Karriere plötzlich Aushängeschild großer Industriekonzerne. 1991, im Jahr, als ich aus der Juniorenklasse kam, war das Team Telekom gerade auf dem Weg, eine der größten Mannschaften im Radsport zu werden. Die angehenden Neunziger waren die Pionierzeit im deutschen Radsport, und es baute sich eine Welle der öffentlichen Begeisterung auf. Walter Godefroot, belgischer Ex-Profi, übernahm das Ruder beim Telekom-Rennstall und formte eine Mannschaft, die sehr schnell auf höchstem Niveau Siege einfuhr. 1992, als ich im Amateurlager um meine berufliche Laufbahn kämpfte, leuchteten die Farben des Telekom-Teams, damals schwarz-weiß-grau-magenta, auf den Champs-Élysées in Paris und im deutschen Fernsehen. Olaf Ludwig reißt auf dem Zielstrich die Arme hoch, er trägt übrigens schon einen Helm, sein Trikot flattert, wie es heute nicht mehr möglich wäre, aber er gewinnt den Sprint in Frankreichs Hauptstadt. Das war eine große Nummer, und der Sog dieser Erfolge war enorm. Ein paar Jahre später hatten wir einen deutschen Tour-Sieger, Jan Ullrich, und einen wahren Boom, der sogar auf dem Höhepunkt drei Teams aus Deutschland in die höchste Liga des Straßenradsports spülte.

Andreas Klöden ist zwei Jahre jünger als ich. Sein Name ist eng verbunden mit der großen Zeit des deutschen Profiradsports. Klöden war der hochbegabte Helfer und enge Freund von Jan Ullrich beim Team Telekom, ein überragender Sportler, der sein Talent in den Dienst des einzigartigen Genies stellte. Wie groß dieses Talent war, das »Klödi« mitbrachte, konnte ich mir aus nächster Nähe anschauen. So nah dran bin ich an die größte Bühne des Radsports gekommen, aber eben nur nah dran.

Der Sport hat mich weit gebracht. Und ich habe es im Sport weit gebracht. Bei den Amateuren gelangen mir schnell Erfolge. Ich hatte im Winter für die erste Saison oberhalb der Junioren sehr gut trainiert. Ich war akribisch, ich verbrachte viel Zeit im Süden. Einmal war ich über den Winter ins Trainingslager nach Australien gereist, das war meine eigene Entscheidung, meine Eltern erfuhren erst ein paar Tage vorher davon. In Zusmarshausen gelang mir in meinem ersten Amateurjahr mein erster Sieg beim ersten Start, eine Woche später holte ich auch in Fürth den Sieg. Damals arbeitete man sich in der Amateurklasse hoch. Das war gut messbar. Vom C- über den B- zum A-Amateur war das Ziel, und mir gelangen diese Schritte relativ schnell.

So empfahl ich mich für größere Aufgaben. Wenn man viel auf Rennen unterwegs ist, lernt man viele Leute kennen – auch wenn ich nicht wirklich ein naturgegebener Netzwerker bin. Einer, der ebenso eher zurückhaltend auftritt, ist Lars Teutenberg. Er ist noch mal drei Jahre älter als ich, stammt aus einer totalen Radsportfamilie und gilt als einer der größten Materialfreaks, die es in unserem Sport gibt. Ich kannte Lars aus der Szene, wir hatten uns irgendwie angefreundet, und er fuhr damals bereits auf Bundesliganiveau für das Berliner Team Opel Schüler. Er brachte mich auch in Verbindung mit seinem Team,

Lars machte sich für mich stark. »Da ist ein Junge in Bayern, der ein Stück weit treten kann«, so oder so ähnlich hat er mich angepriesen. Ich konnte laut Teutenberg ein Stück weit treten, und so kam ich meinem Ziel wieder ein Stück weit näher.

So war ich als junger Mann von Anfang zwanzig plötzlich nicht mehr in der oberbayerischen Provinz, sondern an einem der spannendsten Orte der Welt. Zumindest sahen das sehr viele andere Leute so. Ich zog nach Berlin, in die Millionenstadt, in der doch kurz zuvor erst die Mauer gefallen und in der alles im Aufbruch war. Mir war Berlin eigentlich egal. Wenn es meiner Performance etwas bringt, würde ich auch an jeden anderen Ort ziehen. Nebenbei bemerkt wundert mich das immer wieder, auch wenn ich heute mit Profisportlern spreche: Manche von ihnen kleben wie Kaugummi an ihren Wohnorten. Dabei müsste es immer darum gehen, wo sie ihren Beruf am besten ausüben können. Da geht es um Dinge wie Wetter, Trainingsareal, Infrastruktur, eine Trainingsgruppe, Zugang zu Trainern und Physios. Wintersportler können nicht auf Sylt wohnen. Für einen Radsportler wie mich war der deutsche Osten damals besser geeignet als Oberbayern, denn über das Jahr verteilt war das Wetter besser zum Trainieren, und es gab eben den Zugang zu einer sehr zielstrebigen Gruppe. Das Bundesligateam von Opel Schüler Berlin bugsierte mich in eine ganz neue Welt. Das war zwar noch derselbe Sport, aber ich wohnte nicht mehr daheim, sondern im Berliner Sportforum, einem bedeutenden Ort der deutschen Sportgeschichte. Ich hatte hier mein eigenes Zimmer in einem vielgeschossigen Internatsbau, es gab Essen in der Kantine und professionelle Betreuung von Trainern und Physiotherapeuten. Hier wohnten und trainierten auch absolute Topstars, etwa Franziska van

Almsick, während wir mit unserer Radgruppe morgens immer »Richtung Polen« aufbrachen, also über das flache Land nach Frankfurt an der Oder.

Berlin, die Metropole, sie hätte mich blenden oder ablenken können. Aber für das ganze Drumherum habe ich mich damals nicht interessiert, ich war fokussiert. Und ich war auch fasziniert. Zum einen war da die Auseinandersetzung mit der Trainingslehre, wie wir sie in der alten BRD nicht kannten. Das Niveau war enorm. Es gab völlig andere Ansätze. Vorher war ich oft mit meiner bayerischen Mannschaft in Italien, und dort ging es immer kurz und hart zur Sache, man verausgabte sich ständig. Hier gab es einen anderen Ansatz, schon die Jugendfahrer gingen mitunter auf sechsstündige Ausfahrten, der Aufbau wurde mit Geduld und sehr systematisch betrieben. Damals, als es noch kein Internet gab, versuchte ich mir die Informationen für das bestmögliche Training auf allen Wegen zu organisieren. Ich war also in der Hauptsache eigentlich Student: Studieren bedeutet übersetzt »sich bemühen«, und ich war pausenlos damit beschäftigt, alles Wissenswerte aufzuschnappen, suchte nach Büchern, sprach mit Leuten, die Ahnung hatten. Nebenher verbrachte ich viel Zeit mit meinem Handy. Da war ich wirklich Vorreiter, den guten alten Motorola-Knochen hatte ich mir gekauft, als kaum jemand anders wusste, wie so etwas geht. Ich fand das damals wichtig und habe es nicht bereut. Der Umgang mit moderner Kommunikationstechnik hat mir wenig später bei meinem nächsten Karriereschritt geholfen.

* * *

Sie erinnern sich: Man muss sich auf das Ziel zubewegen, und zwar mit einer ordentlichen Dynamik, ansonsten kann man es gleich sein lassen. Als ich in diesem neuen Umfeld, ein Level weiter oben, unterwegs war, in einem hochprofessionellen, wissenschaftlich unterstützten und diszipliniert geleiteten Radteam, merkte ich: Meine Dynamik ist deutlich schlechter als die der anderen. Das Niveau der Jungs, mit denen ich nun in einem Team fuhr, war höher als meins, und meine körperliche Entwicklung verlief wesentlich schlechter als die der anderen.

In meinem dritten Jahr bei den Amateuren habe ich mich stark hinterfragt. Der Traum vom Profidasein war weiterhin vorhanden. Auch der Wunsch, mit diesem Traum gutes Geld zu verdienen. Aber ich merkte in jenem Jahr recht schnell, dass eine andere Entscheidung anstand. Es war ein Jahr, in dem die Belastung sprang – hatte ich vorher etwa 20 000 Kilometer im Jahr trainiert, so waren es jetzt etwa 25 000. Das war bei den anderen auch so. Damals traf ich auf Leute wie Ralf Grabsch, der später eine beachtliche Profikarriere startete, in meinem Team fuhr Andreas Bach, der ein Jahr später einen WM-Titel auf der Bahn holte und auch bei Rundfahrten auf der Straße Siege einheimste, und eben »Klödi«. Es war grausam und schön zugleich, eine sehr harte Erfahrung zu machen: Unter den gleichen Bedingungen entwickelten sich die anderen deutlich schneller als ich. Klöden musste das Fahrrad letztlich nur anschauen und wurde schneller. Ich hingegen tat alles für diesen Traum, aber ich kam nicht mehr mit.

Ich bin mit Andreas auch bei vielen Rennen und Rundfahrten gestartet, etwa bei der Oder-Rundfahrt oder Rund um Berlin. Es gab ja damals noch viele gute Wettkämpfe in Deutschland. Aber das Träumen hörte schnell auf für mich. Ich war der einzige Bayer in diesem starken Umfeld, ich sprach anders als die anderen, ich hatte Respekt vor dieser Welt. Das Programm, das wir durchliefen, war im Endeffekt ein hartes Aussieben. Das mag manche stören, ich finde es gut. Diese Erfahrung war sehr hilfreich für mich. Klar hätten die Trainer es gern gesehen, dass ich weitermache, wer will schon einen seiner Schützlinge verlieren? Ich aber saß allein in meinem Zimmer im Sportforum in Berlin-Alt-Hohenschönhausen, fummelte mit meinem dicken Handy herum, schaute mir meine Ergebnisse an und kam zu dem Schluss: Das muss ein Ende haben. Verblöde nicht deine Zeit!

Wenn es nicht für das große Ziel reicht, hinterfrage ich mich komplett. Mir war klar, dass es nicht nur den Weg gibt, den ich eingeschlagen habe. Es wäre ein Irrtum zu glauben, dass man an dem Pfad festhalten muss, solange es irgendwie geht. Mein Ziel war ja, finanziell unabhängig zu werden, mehr Geld zu verdienen als mein Lehrer oder meine Eltern. Vielleicht hätte ich als ehrgeiziger Amateur Chancen auf einen der hintersten Plätze in einem der Profiradsportteams gehabt, die es damals gab. Ich hätte also Radprofi werden können. Das wäre ein harter Job gewesen und das Einstiegsgehalt eher erbärmlich, das ist bis heute so. Aber für mich war klar, dass das nicht mein Weg sein könnte. Ganz oder gar nicht – das war die Herangehensweise. Ich hatte viel investiert, was mich dazu verleitete, nicht festzuhalten, sondern loszulassen.

Ich wundere mich immer wieder. Es gibt auch unter gestandenen Profis solche, die von einem auslaufenden Vertrag scheinbar überrascht werden. Mitunter geht es dann nicht mehr weiter, die Karriere endet. In diesen Fällen stehen Männer nach anderthalb Jahrzehnten mühsamer Aufbau- und Wettkampfleistung vor dem Nichts, und zwar buchstäblich. Sie haben keinen Plan, wie es weitergehen soll. Als Teamchef schockiert mich das, als Mensch, der selbst in seinem Leben sehr zielgerichtet vorgeht. Wieso vergeuden Menschen ihr Leben so?

Wenn ich sehe, dass Menschen etwas auf sich zukommen lassen, bei dem sie keine Ziele und Prioritäten mehr verfolgen, dann ist das für mich vollkommen unbegreiflich. Ich höre dann immer mal wieder, dass jemand nach seiner aktiven Karriere erst mal ein bisschen Abstand braucht, dass es Zeit sei, nach all den Strapazen mal zu schauen. Was haben sie denn in all den Jahren getan, in denen der Sport als Beruf ihr Lebensinhalt war? Haben sie nicht über ihre Ziele, ihre Weiterentwicklung nachgedacht? Haben sie nicht überlegt, wie sie dafür sorgen können, dass sie nicht in ein Loch fallen und ein unabhängiges, glückliches Leben führen? Für mich ist das Verschwendung von Lebenszeit. Man kann doch vorher »schauen«, was man als Nächstes tun möchte. Jetzt können Sie raten, was ich davon halte, wenn Leute in Karrierenetzwerken ihre Auszeiten, ihre Pausen, ihre Work-Life-Balance feiern. Sagen wir es so: Für mich gilt der alte Leitspruch, dass erst die Arbeit kommt, dann das Vergnügen.

Es war September 1993, als mich meine Physiotherapeutin Steffi direkt nach dem Ende von Rund um Berlin mit dem Auto zum Flughafen Tegel brachte. Steffi hat den Kontakt zur Elite des Topsports behalten, sie heiratete später Jens Voigt, den Dauerbrenner unter den deutschen Profis. Ich stieg aus, checkte für meinen Flug nach München ein und habe umgeschaltet. Es war für mich die Reise in ein nächstes Kapitel, auf einen nächsten Weg zu meinem Ziel.

Was ich in der Zwischenzeit mitgenommen hatte, und das wusste ich auf dem Weg zurück nach Bayern, war tatsächlich etwas Unabhängigkeit. Ich hatte im Laufe der vorherigen

Monate sehr sparsam gelebt, hatte mein Grundsalär aus dem Teamvertrag angespart, Startgelder und auch Prämien von diversen Rennen. Das war tatsächlich eine Errungenschaft für mich, die mich jetzt viel mehr interessierte als die Tatsache, dass es nicht für die Spitzenkarriere gereicht hatte. Ich nutzte das Ersparte, um die Nebenkosten für meine erste Eigentumswohnung zu bezahlen. Das machte die Finanzierung deutlich günstiger und brachte mich voran im Leben. So sah ich das.

Ich war weder erleichtert noch traurig, als ich diesen Weg abgebrochen hatte. Für mich stand fest: Wenn man nicht das Zeug hat, um ganz nach oben zu kommen, dann ist es irrational, weiter so viel Mühe und Zeit zu investieren. Dann kann man besser etwas anderes tun, auf das man sich konzentrieren sollte. Ich selbst werde auch niemals verstehen, wie Menschen dennoch die Priorität auf den Sport legen, obwohl sie damit weder Geld verdienen noch andere wichtige Dinge gewinnen. Ich habe dazu eine andere persönliche Haltung, ohne irgendjemandem etwas ausreden zu wollen – von mir aus darf jeder sein Hobby Radsport betreiben. Aber mir ist oft unklar, was das soll. Das geht schon bei den Amateuren los, bei denen ich nicht verstehe, was all den Aufwand rechtfertigt, den sie betreiben. Noch viel mehr verwundert mich aber der Einsatz von Jedermännern und Masters-Fahrern, die beinahe so tun, als wären sie auf Profiniveau unterwegs. Ich persönlich hätte immer das Gefühl, dass ich meine Zeit vertrödle. Es hat aus meiner Sicht keinen Sinn, länger in einer Klasse herumzuhängen, aus der man nicht auf das nächste Level kommen kann – aber wie gesagt: Das ist meine ganz persönliche Sicht.

Mein letztes Rennen endete an einem Sonntag. Am Tag darauf ging ich in einen Computerladen und kaufte mir einen

Laptop. Das war damals etwas Besonderes. Ich setzte mich wieder in mein oberbayerisches Zimmer und schloss das Gerät an. Ich öffnete Word, Excel, Access. Ich fuchste mich rein. Ich will verstehen, wie ich weiterkomme. Das waren die Skills, die ich dafür brauchte. Bald darauf startete ich in einer Branche durch, von der ich kurz zuvor noch keine Ahnung hatte.

Verstehen Sie mich nicht falsch. Ich habe ganz sicher davon geträumt, im Sport ein gefeierter Star zu sein, die Arme bei den großen Rennen unseres Sports vor Kameras und zigtausend Fans in die Höhe zu reißen. Das waren Emotionen. Aber gegen diese Emotionen, gegen diese Wünsche, habe ich mich kühl entschieden. Ich habe es nie bereut. Wenn ich Andreas Klöden später bei der Tour de France im TV sah, hat das nichts mit mir gemacht. Ich habe neue Ziele gesetzt.

Ralph Denk beobachtet sein Umfeld und erkennt, dass er die Nachteile dieses Lebens überwinden möchte. Er setzt sich früh das Ziel, finanzielle Unabhängigkeit auf eigenen Wegen zu erreichen. Diesem Ziel ordnet er seine Prioritäten unter. Er unterscheidet stark zwischen Themen, die ihn weiterbringen – und solchen, die für ihn Zeitverschwendung sind. Daraus wird ein Entscheidungsstil, den er sich für sein Leben aneignet. Denk setzt auf Fokussierung und hinterfragt seinen Fortschritt. Wenn die Dynamik auf dem Weg zum Ziel abflaut, ist es Zeit für eine Neubetrachtung der Strategie. Denk hält es für wichtig, beim Blick auf den eigenen Lebensweg ökonomisch zu agieren, Zeit zu sparen und Emotionen zu überwinden. Schließlich führt das dazu, dass ein Neustart trotz erheblicher Investitionen die deutlich bessere Möglichkeit sein kann. Dies ist ein entscheidungstheoretisches Grundproblem: Denk lässt sich nicht vom Erreichten blenden, sondern schaut auf Dynamik hin zum Ziel und ist bereit, radikale Schnitte zu machen.

Kapitel 2

Mit Fleiß kommt man weit

Es dauerte nicht lange, bis ich nach meinem letzten Rennen in einer neuen Karriere durchstartete. Es war eine Karriere, die mich bis in hochpolitische Vorgänge beförderte, die auch hinter die Kulissen einer der wichtigsten Sportveranstaltungen der Welt führte. Ich kann schon sagen: Mein Einsatz hat einiges bewirkt und dem Radsport in Deutschland sicher mehr als gutgetan. All das konnte ich natürlich nicht wissen, als ich gerade meine Laufbahn als Radrennfahrer beendet hatte. Ich wollte den beruflichen und vor allem auch finanziellen Erfolg mit meinen Fähigkeiten anpeilen. Das Erstaunliche daran war, dass ich mir weder die baldige Tätigkeit noch den Arbeitgeber ein paar Monate vorher hätte vorstellen können. Noch erstaunlicher aber war, dass der berufliche Werdegang, den ich nun ansteuerte, so gar nichts mit dem zu tun hatte, was wir vor allem in Deutschland gern als ordentliche Ausbildung ansehen. Ich spürte, dass ich auf dem besten Weg war, an mein Ziel zu kommen: finanzielle Unabhängigkeit – und damit größere Freiheit.

Das mag sich mit Blick auf die Ausgangslage erstaunlich anhören. War ich nicht der junge Sportler, der gerade an seiner

Karrierehoffnung gescheitert war? Hatte ich nicht gerade den Weg zurück aus der Weltstadt Berlin, aus dem Kreis hochtalentierter Radkollegen in die oberbayerische Provinz gehen müssen? Stand ich nicht, mit Anfang zwanzig, vor einer Situation, die mit Leere und Orientierungslosigkeit gleichgesetzt wird?

Ganz im Gegenteil. Ich hatte damals, 1993, ja meinen neuen Laptop, ich wusste, dass die Zukunft irgendwo zwischen Handy, Excel und dem Fahrradmarkt zu finden war – und ich arbeitete an meinem Weg. Ich war tatsächlich schon ein Stück weit gekommen. Mit dem Ersparten meiner überschaubaren Karriere war ich weitergekommen, mit meinem Entschluss ebenfalls. Ich hatte also einen Zugang zu meinem Leben, der sehr rational war. Es ging darum, Vermögen aufzubauen und einen Weg zu wählen, der mich weiterbringen würde. Deswegen saß ich an meinem neuen Laptop, deswegen brachte ich mir selbst bei, wie das mit den E-Mails funktioniert, mit der Tabellenkalkulation, mit Datenbanken und Textverarbeitung. Ich lebte zwar nicht isoliert, ich hatte ja regen Kontakt zu meinen Eltern, meinen Geschwistern und meinen Freunden. Aber ich zog hier schon wieder mein eigenes Ding durch. Ich ging selbstständig vor und brauchte weder einen Job in meinem erlernten Beruf noch die Meinung meiner Eltern. Ich brauchte auch kein »Gap Year«, um neuen Anlauf zu nehmen.

Es dauerte nur ein paar Wochen, bis ich mein erstes Vorstellungsgespräch bei einem Unternehmen hatte – eine damals noch fast unbekannte neu gegründete Firma – mittlerweile würde man Start-up sagen – aus der Radbranche mit dem Namen SRAM. Heute ist dieser Hersteller von Schaltgruppen, Antrieben und Bremssystemen aus dem Radsport nicht mehr wegzudenken, weder auf der Straße noch auf dem Mountainbike.

Damals hatte SRAM für Wirbel gesorgt, weil das erst 1987 gegründete amerikanische Unternehmen einen neuen Schaltgriff für Renn- sowie Triathlonräder und später vor allem für Mountainbikes auf den Markt brachte. In Deutschland gab es noch keine Niederlassung, als ich mich damals auf den Weg zum niederländischen Büro in Amersfoort machte. Den Kontakt zum Unternehmen hatte ich über Rainer, einen Bekannten, den ich während meiner Rennkarriere kennengelernt hatte und der für das neue Unternehmen bereits als Mechaniker während der Rennen im Einsatz war. Ich fand das eine spannende Sache – und Rainer bot mir an, mich mit den Chefs in Holland in Verbindung zu bringen. Es war dann nur noch eine Frage von Tagen, bis ich mich auf den Weg nach Norden machte, und das dortige Vorstellungsgespräch brachte so richtig Schwung in mein Leben.

Vergessen Sie nicht, wo ich herkomme: Oberbayern, Provinz, Hauptschule, aus einer Familie, in der es ebenso geordnet lief wie in der ganzen Gegend. Und jetzt saß ich hier bei einem US-Unternehmen in einem Büro in den Niederlanden, das außerhalb der kleinen Bike-Branche niemand kannte und von dem ich sofort angefixt war. Ich hatte kein Abitur und keine Ausbildung in der Fahrradbranche vorzuweisen. SRAM hatte keine Fragen, wie sie deutsche Arbeitgeber damals gestellt hätten. Es ging in dem Gespräch, das kann ich so sagen, von null auf hundert.

Die Frage, die mich im Vorstellungsgespräch überrascht hat, auf die ich aber trotzdem vorbereitet war, lautete nicht etwa: »Was hast du gelernt?« Sondern: »Wo willst du hin?«

Als diese vier Worte gesprochen waren, wusste ich auf jeden Fall schon, dass ich zu SRAM wollte. Klar, ganz ohne Verständnis für technische Vorgänge, für die neuartigen Schaltgriffe und die Vorlieben von Radsportlern hätte ich es sicherlich schwerer gehabt bei dem Unternehmen. Aber das Rüstzeug hatte ich ja in meinen Jahren als Sportler gelernt. Noch dazu hatte ich in meinem Elternhaus eine tiefe Überzeugung mitgenommen: Man muss in der Lage sein, sich um seine eigenen Sachen zu kümmern, und – wenn es um Material geht, ist das natürlich ein Segen – man muss seine Schaltung, seine Bremse, seine Reifen und alles andere am Fahrrad selbst warten können. Wir hatten als Familie nicht die Mittel, um mein Rennrad dreimal im Jahr in den Rundumservice zu geben. Mit meinem Vater schraubte und bastelte ich darum an allem selbst herum, bis es perfekt funktionierte. Dieses Verständnis für die Fahrradmechanik kann man also autodidaktisch erwerben, ohne dafür eine formelle Ausbildung zu machen. Ganz viele Radsportler haben sich das angeeignet, viele haben dabei noch viel mehr Liebe zum Detail und Gründlichkeit, als es ein durchschnittlicher Mitarbeiter einer Zweiradwerkstatt zeigt. Und auch ich hatte diese Skills, die mir ermöglichten, ein neues Produkt – und das war es wirklich – zu verstehen, zu justieren, zu reparieren und auch anderen zu erläutern.

»Wo willst du hin?« Ich habe damals nicht gesagt, dass ich mehr verdienen wollte als mein ehemaliger Hauptschullehrer. Und den genauen Wortlaut meiner Antwort weiß ich auch nicht mehr. Aber ganz sicher klang dabei durch, dass ich keine Zeit verschwenden, große Ziele anpeilen und damit auch finanzielle Unabhängigkeit erringen wollte. Das hat den Gesprächspartnern gefallen. Ich hatte den Job.

* * *

Es war ein Job, der wie für mich gemacht war. Und es war ein Job, wie man ihn heute wohl kaum noch jemandem anbieten könnte. Eine der Vorgaben des amerikanischen Unternehmens war: Fünf Tage im Jahr darfst du dein Handy ausmachen – das war also der Urlaub. Ich fand das völlig ausreichend, denn in Deutschland haben wir ja ohnehin genug Feiertage, da braucht man doch kaum mehr. Mich hat das überhaupt nicht gestört, denn ich hatte Lust auf den Job. Ich sollte vor allem bei Mountainbike-Rennen als Mechaniker den Service übernehmen, die Schaltungen fit machen für den Wettbewerb, währenddessen und danach. Das ist Reiserei, das ist Dienstleistung, das ist eine Arbeit, die man nicht *nine to five* machen kann. Aber ich wollte unbedingt, vor allem, weil sie mir bei SRAM noch etwas anders sagten.

»Du kannst bei uns als Rennmechaniker anfangen und dich zum Direktor hocharbeiten.« Man kann jetzt denken, dass das so eine spinnerte Wortblase aus Amerika ist, mit der man Sachen blumig formulieren will, die eigentlich ausbeuterisch sind. Aber ich habe sofort verstanden, was bei SRAM dahintersteckte, und wollte Teil davon sein. Es ging darum, in einem eigentlich geschlossenen Markt durch starke Produkte und super Service zu überzeugen. Das macht man nicht mit Bürokratismus, das macht man mit Einsatz, mit Hingabe.

Im Vorstellungsgespräch in Amersfoort erlebte ich zudem etwas, das ich bis heute als Unternehmer gern genauso mache. Es war ja nicht gerade so, dass ein akademischer Überflieger vor den Gesprächspartnern saß. Aber das spielte überhaupt keine Rolle. Sie fragten nicht nach meinen Lieblingsfächern in der Schule, nach meinen Noten oder nach den Inhalten, die ich während meiner Ausbildung zum Kunststoffformgeber gelernt hatte. Das war alles egal. Ich hatte keine Lust, als Facharbeiter zu arbeiten, sie hatten kein Interesse an Facharbeitern. Mich begeisterte, dass sie mich als Person wollten, als jemanden, der gemeinsam mit ihnen Ziele verfolgt und der sich dafür nicht quälen muss. Wenn es um den Aufbau von etwas Neuem geht, ob in der Unternehmenswelt oder auch im Radsport, dann ist diese Einstellung aus meiner Sicht ganz entscheidend. Ich hatte Bock, und SRAM hat mich mit seiner Haltung überzeugt. Das ist eine ganz andere Kultur als etwa bei deutschen Großkonzernen (damals sogar noch viel ausgeprägter). Da kannst du ein absoluter Überflieger sein, wenn es um Leistungsbereitschaft und Ehrgeiz geht, aber du wirst in den vorgegebenen Bahnen der Unternehmen nicht weit kommen, wenn du nicht den passenden Berufsabschluss hast. Das ist starres Denken in Schemata, das Neues verhindert und Menschen einschränkt, die Lust darauf haben, dass es vorangeht. In einem deutschen Konzern, sagen wir mit DAX-Notierung, wäre ich mit meinem Bildungsgrad damals ganz sicher nicht in eine Laufbahn gestartet, wie ich sie mit meinem Einstieg bei SRAM 1993 beginnen konnte.

Meine Zeit bei SRAM war ein Abenteuer, von dem ich noch heute profitiere. Damals hatten die Amerikaner gerade mal fünfzehn Mitarbeiter in ganz Europa. Das bedeutete, dass jeder Einzelne von uns wichtig war und zu Kontakten überall in der Industrie und in der Sportszene Zugang hatte. Niemand fragte, ob ich die Voraussetzungen für einen Job hatte – ich kümmerte mich um die Aufgaben, so gut ich konnte, und lernte auf eigene Faust dazu. Die Computer- und Handy-Skills, die ich mir kurz zuvor angeeignet hatte, kamen mir zugute. Damals war Deutschland noch weit von der Digitalisierung entfernt, wir jedoch arbeiteten längst mit Netzverbindung am Computer und digital über den Erdball zusammen. Diese Zeit war für mich mehr als ein Job, denn ich lernte jeden Tag Neues und sammelte Wissen und Methoden, die ich bis heute nutze. Es war wie ein Studium und ich in einer Laufbahn unterwegs, die mir mein Hauptschullehrer wohl niemals zugetraut hätte.

Die Arbeit machte in jeder Hinsicht Spaß. Das ist eine große Stärke von Jobs in der Radwelt, wenn man dafür offen ist. Ich fing als Mechaniker an, was mich in eine neue Rolle hievte. Ich war plötzlich mit dafür verantwortlich, dass die Stars des Mountainbike-Sports wie Thomas Frischknecht und Bart Brentjens mit perfekt eingestelltem Material bei Weltcups und WM-Rennen an den Start gingen. Ich frickelte im Hintergrund, und mein Arbeitgeber lernte meine Motivation zu schätzen. Ich bekam immer mehr neue Aufgaben, und im Laufe weniger Jahre stieg ich auf: zum Leiter großer Schulungen. In dieser Rolle führte ich Händler in die Technik ein, besuchte aber auch viele große europäische Fahrradfabriken, die SRAM-Produkte montierten. Es war für mein Verständnis des Geschäfts ebenso wie für mein Netzwerk eine wertvolle Zeit, und noch dazu verdiente ich gutes Geld. Doch auch hier kam ich, nach etwa fünf Jahren, zum Ergebnis: Hier kann ich mich nicht mehr so weiterentwickeln, wie ich es gern möchte.

Die Zeit bei SRAM hat mir gezeigt, dass es richtig war, dem Sport als Athlet den Rücken zu kehren. Denn ich hatte eine richtige Annahme verfolgt: dass ich mit meinem Einsatz und meinem Kopf an anderer Stelle eine bessere Entwicklung nehmen könnte, mehr in der vorhandenen Zeit erreichen, mich deutlicher dem Ziel der finanziellen Unabhängigkeit nähern. Und sie zeigte mir ganz besonders, dass der Leitspruch meines renommierten Freundes Willi Bruckbauer stimmt. Willi ist als der Erfinder des BORA-Kochfeldabzugs bekannt, er gilt als Reformer der Küche, er ist ein hoch erfolgreicher mittelständischer Unternehmer. Willi und ich sind schon früher zusammen Rad gefahren, er ist und war stets ein Macher. Er hat immer eine Ansicht vertreten, die ich heute gern für mich übernehme. Sie motiviert mich, und sie spendet auch Trost, weil ich dann weiß, dass ich selbst meine Lage verbessern kann. Sein Credo ist recht simpel: »Mit Fleiß kommst du im Business weit.«

Als Sportler hatte ich ein klares Limit vor mir gehabt, das ich akzeptieren musste und das eindeutig auf meinen genetischen Voraussetzungen beruhte. Das Limit rechtzeitig einzusehen, war sicherlich gut, zumal ich weiterkommen wollte. Im Berufsleben gilt, wenn man sich die richtigen Wege aussucht, etwas anderes. Willi hat mir das immer gesagt, als ich darüber nachdachte, wie ich mit dem Sport und meinem Leben weiter verfahren sollte. Er war der Ansicht, dass es im Geschäftsleben für ehrgeizige und vor allem fleißige Menschen weit mehr Chancen gibt als im Sport. Talent ist hier nicht die begrenzende Größe. Da ist der Hochleistungssport brutaler und das Leben als Geschäftsmann einfacher. Mit Fleiß und dem Glauben an die eigene Stärke ist es möglich, im Business weit zu kommen. Es ist diese Grundhaltung, die ich mir seither bewahrt habe. Der Fleiß, der Einsatz, das Arbeitenwollen als Basis für weitere Entwicklung ist so simpel, dass man sich tatsächlich auch immer wieder dran erinnern muss. Viele Leute heben an einer gewissen Schwelle ab, sie vergessen, dass sie selbst noch mit anpacken müssen. Ich erde mich weiterhin selbst, setze auf Fleiß, ich stehe mit dem Material bei Wind und Wetter an der Rennstrecke und arbeite unentwegt, damit sich mein heutiges

Unternehmen weiterentwickelt. Ich habe selbst gelernt, dass die Verbindung aus Fleiß und Erfolg besteht. Meine Geschichte beweist das.

* * *

Mit Fleiß zur finanziellen Unabhängigkeit kommen – das war also mein Ziel. Und so suchte ich mit Mitte zwanzig nach einem neuen Weg, um diesem näher zu kommen. Für mich war einleuchtend, dass ich dafür selbstständig sein musste. Nach allem, was ich in der Fahrradwelt gesehen hatte, mit all den Kontakten, die ich in den vorangegangenen Jahren gesammelt hatte, war für mich auch die Branche gesetzt: Ich wollte einen Fahrradladen aufmachen, ganz allein, und damit genug Geld verdienen, um dauerhaft mein eigener Herr zu sein und auch meiner Familie, meinen Eltern, meinen Geschwistern, später vielleicht auch meinen Kindern Sicherheit zu bieten.

Wer solch einen Weg einschlägt, macht es sich nicht einfach. Das klingt fast nach einer Floskel, doch es stimmt: Wege zum Erfolg sind oft steinig, steil, gespickt mit Schwierigkeiten. Denen muss man sich vor allem als Selbstständiger stellen. Vielmehr will man es, wenn man durch und durch Unternehmer ist. Ich beschloss also Ende der Neunzigerjahre, die Anstellung beim großartigen Unternehmen SRAM gegen die Selbstständigkeit als eigener Herr in meinem eigenen Radladen zu tauschen.

Es überrascht mich allerdings noch heute, wie leicht es war, mit dieser Entscheidung mein Ziel zu erreichen. Fleiß und Kontakte hatte ich, Geld hatte ich keines, nur eine Idee. Aber weniger als anderthalb Jahrzehnte später hatte ich mit diesem Unternehmen genug Erfolg gehabt, tatsächlich die Immobilien und Werte zusammenzuhaben, die ich immer haben wollte.

Im Jahr 2000 eröffnete ich das Fahrradgeschäft in Raubling, in einem modernen Holz-Metall-Sichtbeton-Sechseckgebäude, das mein Freund Willi dort an der Rosenheimer Straße hatte bauen lassen. Als ich das erste Mal die Tür aufsperrte, standen bereits Kunden vor dem Laden. Danach riss die Nachfrage nie ab, wir verkauften und verkauften. Es war von Anfang an ein hochprofitables Geschäft. Doch man muss sich erst mal trauen, überhaupt einen solchen Laden zu eröffnen. Als ich die Idee gut zwei Jahre vorher hatte, bot mir Hans, der Onkel meiner damaligen Freundin, gratis seine Hilfe an. Hans war gut verdrahteter Unternehmensberater, mit der Radbranche allerdings hatte er nichts zu tun. Musste er auch nicht, denn er wusste, was ich brauchte: Er sah meinen Elan und widmete sich mit mir zusammen einer Wettbewerbsanalyse. Hätte ein Radgeschäft irgendwo zwischen Rosenheim und der österreichischen Grenze überhaupt eine Chance? Hans zeigte mir, wie man eine solche Analyse betreibt, und dann war es ein Kinderspiel. Wir hatten zehn bis fünfzehn potenzielle Konkurrenten in der Region ausgemacht, und all diese Geschäfte klapperte entweder ich selbst ab oder Freunde. Wir schauten uns an, was die Konkurrenz so treibt, also letztlich auch Fleißarbeit. Und ich kam, basierend auf dem Schema, zu einem Ergebnis, das wirklich überzeugend einfach war. Jedes der besichtigten Geschäfte hatte Stärken, aber jedes hatte auch eindeutige Schwächen: schlechte Marken, übellauniger Service, ein nicht klar abgestecktes Sortiment, niedrige Margen. Es brauchte nur ein bisschen Hausaufgaben, um die Schwächen anzugehen und die Stärken zu bündeln – schon hatte ich das Konzept für meinen Fahrradladen.

Das Ergebnis der Fleißarbeit überzeugte die Bank, mit der man damals auch noch eher persönlich sprechen konnte. 100 Prozent der Investitionen, die für meine Selbstständigkeit nötig waren, kamen vom Geldhaus. Und wer sich ein wenig auskennt, weiß: Ein Radladen muss ordentlich in Vorleistung gehen, Räder und Ware langfristig vorausbestellen, Mitarbeiter bezahlen, die Immobilie einrichten und mieten. Die Bank machte mit, und ich machte also im Jahr 2000 auf: mit der Topmarke Giant, mit meiner Eigenmarke RDR – und mit Zugang zu begehrten Direktimporten verschiedener Hersteller, die ich über mein Netzwerk im Markt verkaufte und damit ebenfalls gutes Geschäft machte. Es war wirklich einfach, Geld zu verdienen. Aber es war trotzdem unheimlich anstrengend.

Die meisten Radsportfans kennen mich als Mann hinter BORA-hansgrohe, vielleicht noch als denjenigen, der in Deutschland ein Profistraßenteam hochzog, als der Sport in der tiefsten seiner vielen Krisen steckte. Allerdings bin ich niemand, der besonders stark ins Rampenlicht drängt. Deshalb gibt es sicherlich ein paar falsche Annahmen, wenn man mich heute so sieht und von finanzieller Unabhängigkeit reden hört. Man könnte meinen, dass da einer den Jackpot mit dem Sport gewonnen hat, dass er es als Zocker im Profigeschäft verstanden hat, gute Deals mit etwas Glück zu kombinieren. Aber ich kann versichern, dass es viel einfacher war. Ich musste nur hart arbeiten – und meine Liebe zum Radsport ist der Grund, warum Sie jetzt dieses Buch lesen und mich überhaupt kennen. Wäre ich nur der erfolgreiche Radhändler aus Raubling geblieben, der richtig gutes Geld verdient, dann wäre dieses Buch für niemanden von Interesse. Aber es gibt da eben etwas anderes, das die Menschen fasziniert, und das ist der Profisport. Wer es hier schafft, von dem wollen viele etwas haben, wissen und abschauen. Nur sage ich: Wenn es mir heute nur um Geld ginge, hätte ich kein Teamchef einer Profimannschaft werden müssen.

Allerdings stand schon ein wirtschaftlicher Ansatz dahinter, dass ich ein Fahrradteam gründete, bevor ich überhaupt einen eigenen Radladen öffnete. 2000 fuhr zum ersten Mal ein Mountainbike-Team unter meinem Namen bei Wettkämpfen mit. Da die Eröffnung meines Radladens längeren Vorlauf brauchte, nutzte ich das Team im Jahr davor, um schon einmal meinen Namen ins Gespräch zu bringen. »Ralph Denk Racing«, die Leute in der Region lernten diesen Namen schnell kennen, sie erfuhren, dass da etwas passiert, sie wurden neugierig. Meine damalige Freundin arbeitete als Zeitungsredakteurin beim *Oberbayerischen Volksblatt*, sie sorgte für PR, wir hatten viele Kontakte in der Region und waren damit zumindest den sportlich interessierten Menschen ein Begriff. Das war natürlich ein riesiger Vorteil, als ich Anfang 2001 den Laden eröffnete. Ich war als Name im Sport ernst zu nehmen, noch dazu gab es bei mir im Laden nicht ein einziges Fahrrad mit Schutzblech. Ich setzte auf hochwertige Rennräder und Mountainbikes. Auch hier lautete die Devise: Ganz oder gar nicht. Es gab zwar Leute, die mich für die zu exklusiven Produkte kritisierten, das sei abgehoben. Aber die Kundschaft rechtfertigte die Strategie, der Laden lief wie geschmiert, und schon nach drei Jahren hatte ich genug Gewinn erwirtschaftet, um mir mein erstes eigenes Haus zu kaufen. Das war ein Meilenstein auf dem Weg zum großen Ziel, das ich seit Schuljahren verfolgt hatte.

Das Radsport-Sponsoring war anfangs ein »Marketing-Tool«, wie man es heute nennt. Doch auch an dieser Stelle wollte ich mit den Fahrern und Betreuern weiterkommen. Ich wollte nicht einfach nur ein Team unterstützen, ich wollte beim Erfolg mitwirken und es so gut wie möglich entwickeln. Wir fingen mit ein paar regionalen Fahrern an und erreichten rasant Erfolge. Ich war davon überzeugt, dass der MTB-Sport eine große Zukunft vor sich hatte – und legte mich für die Finanzen des Teams ins Zeug. Wir hatten bald Giant nicht nur im Laden, sondern wir hatten die Marke auch als Ausstatter für unsere Fahrer. Das war eine große Sache, und es war wenig später das größte Engagement der Taiwanesen im olympischen Mountainbike-Sport. Ich konnte Danone als weiteren Geldgeber gewinnen, wir holten über das Netzwerk Stars. 2006 hatte ich dann das beste Team der gesamten Szene beisammen, Stars wie Bart Brentjens und Roell Paulissen fuhren für mich.

Es war erschreckend einfach, bis dahin zu kommen. Aber es war Maloche. Ich habe mich in mein eigenes Projekt voll eingespannt, und ich denke, man muss dazu auch bereit sein, wenn man etwas Großes schaffen will. Damals war ich zum Glück ungebunden, hatte bald keine Partnerin mehr und noch keine Kinder, und so war der Existenzaufbau das, was mich antrieb. Ich arbeitete deutlich mehr als zu meiner Zeit bei SRAM, ich war sieben Tage pro Woche im Einsatz – immer sechzig bis achtzig Stunden. Im Radgeschäft hatte ich auch Angestellte, aber der Laden brummte, und so blieb immer auch am Abend noch genug Arbeit übrig. Die nahm ich mir vor, bis ich manchmal sogar im Laden auf der Pritsche schlafen ging. Wenn wir am Samstag um 14 Uhr das Geschäft zumachten, setzte ich mich ins Auto und fuhr quer durch Europa, denn unser Team hatte ja Weltcuprennen. Da wollte ich nicht nur mein Gesicht zeigen, ich packte an und machte den Service. Wer hätte es sonst tun sollen?

Es ist der Arbeitseinsatz, den ich als wichtigstes Mittel für den Unternehmer gelernt habe – und dieser Fleiß war schon auch daran beteiligt, dass das wichtigste Radrennen der Welt 2017 wieder in Deutschland startete und wir in unserem Land die Rennen im Fernsehen schauen können und wieder darauf hoffen, bei der Tour de France mit Landsleuten mitzufiebern. Das soll niemand in den falschen Hals kommen, aber ich kann schon behaupten: Ich habe mit meinem Hirn und meinen Händen daran mitgewirkt, dass der Straßenradsport in Deutschland nicht nur überlebt, sondern auch eine neue Perspektive bekommen hat. Das habe ich ganz sicher nicht allein bewerkstelligt, das soll auch ganz und gar nicht so rüberkommen. Aber ich habe meinen Beitrag dazu geleistet, und ganz sicher war der Unternehmer in mir einer derjenigen, die das Thema in unserem Land vorangetrieben haben.

Dass ich mit BORA-hansgrohe das derzeit mit Abstand wichtigste deutsche Radsportteam betreibe, bei großen Rennen um den Sieg mitmische und höchste Ziele anpeile, einen der größten Stars der Radsportgeschichte in meinen Reihen hatte – auch das liegt wieder an einem Bruch, den ich aus voller Überzeugung setzte. Ich kann mich noch gut an die Hoffnungen erinnern, die ich im Mountainbike-Sport hatte. Die Disziplin ist ja wie fürs Fernsehen gemacht, mit engem und vielseitigem Parcours, mit relativ kurzer Wettbewerbsdauer und viel Fun im Feld. Sie ist olympisch. Das hatte mich überzeugt, ich wollte aus dem Team ein profitables Unternehmen machen. Doch nachdem ich bei den Olympischen Spielen 2004 in Athen war, wurde mir bald klar, dass dieser Sport sich nicht aus der Nische herausentwickeln würde. Anders als etwa Biathlon gelang es den Mountainbikern nicht, das Interesse der Medien zumindest kurzfristig zu bündeln. Es gab Biathlon auf Schalke, Millionen schauten im TV zu. Aber wer bitte kannte unsere Topfahrer, die Supersportler waren? Das Mountainbiken hat sich bis heute einen alternativen Charakter bewahrt, aber ist weiterhin schwer vermarktbar. In dieser Disziplin fehlt es an jenen, die die große Bühne bauen – auch schon deshalb, weil die Fahrer keine Lust auf das gemeinsame große Projekt haben. Wenn ich genau drüber nachdenke, war das eine Branche, zu der ich nicht so recht passte. Ich erinnere mich noch an ein Trainingslager, das wir 2004 am Gardasee abhielten – mit großen Ambitionen, es war ja das Olympiajahr. Ich war schockiert. Ich kannte den Radsport als Teamsport. Aber als es morgens zum Training losging, machten sich alle sechs Fahrer ohne Absprache in verschiedene Richtungen auf und davon. So schön der Individualismus dieses Sports ist, so sehr begrenzt er seine Chancen. Ich mühte mich um Teambuilding, und wir traten tatsächlich geschlossener auf. Aber vor der Saison 2006 hatte ich genug. Ich sah, wie gut auch deutsche Fahrer waren, die Fumic-Brüder etwa oder Sabine Spitz. Aber ich sah eben auch, wie wenig es irgendjemanden interessierte. Hier würde man nicht weiterkommen. Das ging nur in der wichtigsten Disziplin des Radsports.

* * *

Mit Fleiß kommt man weit. Als ich das erste Mal eine Mail an Christian Prudhomme schickte, war ich für ihn ein Unbekannter. Der Direktor des wichtigsten Radrennens der Welt bekam da eine E-Mail von einem Bayern, der extra für sein Fortkommen im Profisport Privatstunden bei einem Englischlehrer genommen hatte. Das war 2010, als mein Profistraßenradsport-Team gerade den Betrieb aufgenommen hatte. Wir waren im ersten Jahr auf Continental-Niveau unterwegs – sozusagen in der dritten Liga des Sports. Ich ging um Termine mit Sponsoren und Veranstaltern Klinken putzen. Ich hatte mir wie üblich große Mühe gegeben, ein sauber ausformuliertes Schreiben nach Paris geschickt und um ein persönliches Treffen gebeten. Und, das ist meine Erfahrung: Wer freundlich und bestimmt fragt, der wird auch Gehör finden. Allerdings hätte der Verlauf meines ersten Treffens mit Monsieur Prudhomme damals schon auch etwas empfindlichere Seelen verschrecken können. Der Radsport-Patron hörte sich an, was ich mit dem neuen deutschen Profiteam vorhatte, er nickte freundlich und lachte. Es war nicht schwer zu verstehen, dass ihm der Glaube daran fehlte, in mir einen künftigen Starter bei der Tour de France zu sehen. Ich sah es anders. Und seit jenem Termin habe ich Christian wieder und wieder besucht, angerufen und mich auch mit ihm auseinandergesetzt. Inzwischen weiß er genau, wer ich bin. Inzwischen gehört meine Mannschaft ganz fest zum Aufgebot beim Grande Boucle.

Als ich 2007 in den Straßenradsport einstieg, hörte ich nur eines: Das hat überhaupt keinen Sinn. Ich hörte das von Freunden, ich hörte das von Sponsoren, die ich gern gewonnen hätte. Ich hatte einen Plan, der für mich einleuchtend war. Doch ich wollte mit Talenten aus Deutschland etwas bewegen, aus diesem Rennstall dann einen Neuanfang für den zerstörten Profiradsport in unserem Land wagen. Ich wollte den deutschen Radsport wieder bei den großen Rundfahrten sehen und für deutsche Talente und junge Fahrer aus den Nachbarländern eine Chance bieten, auf das höchste Niveau zu kommen. Das hatte ich mir vorgenommen, und seit Jahren hatte ich die Organisationsstrukturen und Taktiken der Teams auf Weltklasseniveau studiert. Viele von ihnen schienen mir extrem behäbig zu sein, viele wirkten wahnsinnig verstaubt und traditionalistisch. Ich war davon überzeugt, einen Weg an die Spitze des Sports finden zu können.

Ich startete in den Straßenradsport, als diese Disziplin in Deutschland am Boden lag. Der Fuentes-Skandal von 2006 war einer der unrühmlichsten Dopinghöhepunkte im Radsport. Jan Ullrich, unser Toursieger, der, dem so viele nachstrebten, wurde durch den Fleischwolf gedreht. In den folgenden Jahren setzte es Nackenschlag auf Nackenschlag für unseren Sport, bis die großen Sponsoren allesamt den Topteams den Rücken gekehrt hatten. Wo einmal mit Team Telekom, Milram und Gerolsteiner Euphorie geherrscht hatte, da war jetzt ein Sumpf des Misstrauens. Wer damals in den Medien von Radsport berichtete, berichtete fast immer über den Verdacht, der mitfuhr.

Allerdings sah ich die Sache anders. Ich wusste ja aus meinem Radgeschäft, dass es einen lebendigen und zahlungskräftigen Markt für Straßenrenner gab. Die Nachfrage war auf dieser Seite ungebremst, und auch die hochprofitablen Zahlen der Fahrradindustrie deuteten darauf hin, dass Rennradfahren weiterhin ein spannendes Umfeld bleiben würde. Noch wichtiger war für mich, dass immer noch genauso viele Menschen an den Straßen standen, wenn die Tour durch Frankreich führte oder die Klassiker durch Belgien und die Niederlande anstanden. Für mich war klar, dass in diesem Sport Zukunft lag. Ich habe damals gesagt: Wenn nicht ich, wer sollte sonst diese Zukunft in unserem Sport verfolgen?

Doch mit dieser Meinung stand ich eben fast allein. Ich war fest entschlossen, ich studierte, wie andere Sportarten dafür sorgten, dass Sponsoren die Verträge unterzeichnen. Mich interessierte der Fußball und die Formel 1, ich fuchste mich ein in die Überzeugungsmethoden des Formel-1-Teamchefs Eddy Jordan. Bei SRAM und in den Jahren danach hatte ich auch gelernt, wie man einen erfolgreichen Vertrieb aufzieht. Wichtig ist, dass man sich nicht unterkriegen lässt. Jeden Tag muss es einen, vielleicht auch zwei ernsthafte und gute Versuche geben, jemanden zu überzeugen. Das ist eigentlich nicht mein Naturell, aber mit einer gewissen Distanz und einem unternehmerischen Ziel kann ich es schon. Ich las mich in Brancheninformationen ein und versuchte, Firmen davon zu überzeugen, dass sie im Straßenradsport eine Chance sehen sollten. Ich stellte mich auf meine Gesprächspartner ein und versuchte, ihre Bedürfnisse und Interessen herauszufinden. Wenn es schiefging, analysierte ich die Beweggründe. Es war harte Arbeit, aber mein Plan war der richtige: Ich würde dieses Team aufziehen und ich würde es wachsen lassen, da war ich mir sicher.

Ich begann mit einem Jugendteam, aber ich agierte so, als wären wir schon auf dem Weg nach oben. Einmal kaufte ich beim Team Gerolsteiner ein paar Dachträger für die neue Mannschaft – und der Chef des Teams, Hans-Michael Holczer, hielt mir einen Vortrag darüber, dass der Straßenradsport kein gutes Umfeld für einen Unternehmer wie mich sei. Warum ich mir das antue, fragte er mich. Ich aber zog es durch. In unserer zweiten Saison hatten wir bereits professionell gestaltetes Marketingmaterial, wie es selbst auf höherem Niveau lange nicht zu finden war. Mit dem bayerischen Verband förderte ich hier Junioren, und im Hintergrund führte ich Gespräch um Gespräch. Irgendwann hatte ich meinen Sponsor, mit dem ich in den Profisport einsteigen würde: Andreas König, der damalige Europachef von NetApp, unterschrieb den Vertrag, der uns den Start auf Continental-Level ermöglichte. Mit einem Budget von 500 000 Euro gingen wir 2010 in den Profisport und ich auf Tour - zu Christian Prudhomme, zum Giro d'Italia und auch zu den Organisatoren der Tour of California. Ich wurde überall persönlich vorstellig, auch wenn die Gespräche nur eine Stunde dauerten. Auf diese Weise rückte ich unser Team in das Blickfeld der Organisatoren, und der seriöse Aufschlag scheint schon etwas bewirkt zu haben. Tatsächlich flatterten nicht nur Einladungen zu Eintagesklassikern ins Haus, in unserem dritten Jahr stand bereits die erste Teilnahme beim Giro d'Italia an. Wir waren interessanter, als die allermeisten meinten.

Als ich 2007 mein Projekt im Straßenradsport begann, sah ich eine Lücke und hatte eine tiefe Überzeugung. Dass mein Team zehn Jahre später bei der Tour de France mitfahren würde, hätte wohl nur ich geglaubt. Und dass unsere Mannschaft sogar einen erheblichen Anteil daran hatte, den großen Start zur größten Rundfahrt des Jahres nach Düsseldorf zu holen, das war schon eine erstaunliche Entwicklung. Doch so ist es gewesen: Ich habe den Plan für unser Team bei Christian Prudhomme immer wieder vorgezeigt. Er hat hin und wieder den Wunsch geäußert, dass wir mit größeren Stars kommen müssten, um ernst genommen zu werden. Aber ich habe auf Entwicklung gesetzt. Als er das erste Mal den Namen Emanuel Buchmann hörte, zeigte sich Prudhomme nicht gerade beeindruckt. Ebenso wenig von Sam Bennett. Du brauchst Stars, sagte er mir. Als Buchmann dann 2015 im Trikot des Deutschen

Meisters bei der Tour zum Start rollte, sah die Sache schon anders aus. Sam Bennett stürmte später ins Grüne Trikot, wenn auch leider nicht für unser Team. Wir wurden zum Bestandteil der Mission, die sich die Tour de France als Aufgabe gesetzt hat: Deutschland als wichtigsten Markt in Europa wieder für den Profiradsport zu öffnen. Und ich wirkte daran mit, ebenso wie meine Fahrer – Paul Voß, Emanuel Buchmann und viele andere. Ich sprach immer und immer wieder bei den öffentlich-rechtlichen Fernsehsendern vor, die nach den Dopingskandalen aus der Übertragung ausgestiegen waren. Wie wäre es, fragte ich beim Saarländischen Rundfunk – bei der ARD für den Radsport verantwortlich – und beim ZDF, wenn wir wieder mit einem deutschen Team bei der Tour fahren würden? Das werden wir sein, versprach ich. Und das weckte das Interesse der Gesprächspartner.

Es war ein Zock. Als ich auf die Tour schielte, waren wir noch lange nicht auf dem Niveau. Aber ich war mir sicher, dass sich mein Einsatz lohnen würde – denn ich war ein fleißiger Unternehmer auf dem richtigen Weg. 2017 startete die Tour de France in Deutschland, und wir waren inzwischen Teil der WorldTour – der höchsten Liga im Radsport. Christian Prudhomme hatte uns sogar schon einmal in Oberbayern besucht, und dieser Entscheider bei uns in Raubling war die große Belohnung für sehr viel Arbeit. Bei mir ging es da schon nicht mehr ums Geldverdienen – ich hatte meinen Radladen verkauft und war finanziell abgesichert. Ich war frei. Jetzt ging es ums Gewinnen.

Fleiß ist eine wertvolle Zutat, wenn man dauerhaft unternehmerischen Erfolg erlangen möchte. Ralph Denk setzt in seinem Leben nicht auf formelle Qualifikationen, sondern auf die Bereitschaft, mit vollem Einsatz in die Verantwortung zu gehen. Sein Weg zur finanziellen Unabhängigkeit ist möglich, weil es ein Unternehmen gibt, das ihm Chancen abseits seiner vorgezeichneten Berufslaufbahn eröffnet. Denk nutzt die Offenheit, studiert Vertriebsmethoden und vernetzt sich in der Radbranche. Mit diesem Wissen und seinem vollen Fleiß startet er in die Selbstständigkeit. Den Radsport ist für ihn zunächst Marketing-Tool – doch bald wird daraus mehr. Denk ist sicher, dass er auch als Sportunternehmer mit Fleiß wachsen kann. Auch wenn das Umfeld des Radsports nach vielen Skandalen als verseucht gilt, verfolgt er seine Strategie und etabliert sich so in der obersten Liga des Sports.

Kapitel 3

Rampenlicht und Schattenseiten: der Superstar und das Team

Das war ein schöner Scheiß. Auf dem holprigen Pflasterstein hinauf zum Oude Kwaremont, einem der legendärsten Anstiege im Radsport, lag plötzlich eine hellgrau-dunkelgraue Jacke mit roten Streifen. Ein paar Meter weiter am Boden, seitlich auf den harten Untergrund geknallt, unser großer Hoffnungsträger und Superstar – der Mann im Regenbogentrikot, der uns auf dem nächsten Level mit Erfolgen weiterhelfen sollte. Es war einer der wichtigsten Renntage des Jahres, der 2. April 2017, und nicht nur im flämischen Teil Belgiens beherrschte die Flandern-Rundfahrt die Sportnachrichten. Dieses Rennen ist ein herausragender Eintagesklassiker, die Menschenmassen stehen dicht gedrängt hinter Absperrgittern am Wegesrand, gerade an den kurzen, knackigen Anstiegen herrscht eine höllische Atmosphäre, die die Fahrer antreibt und voranpeitscht. Bei der Jagd auf den wallonischen Spitzenreiter Philippe Gilbert hatte Peter Sagan, unsere spektakuläre Neuverpflichtung, die Initiative ergriffen. Er sah bärenstark aus, mit dunkel gebräunter Haut aus dem sehr gut verlaufenen Frühjahr, er war für mich eindeutig der stärkste Mann im Rennen.

»Chute«, so hört man dann über den Funk im Teamwagen, »Sturz«, und schnell war klar, wen es erwischt hatte. Als die Information bei mir ankam, war Peter Sagan schon wieder auf den Füßen. Plötzlich hatte er dagelegen, gemeinsam mit Greg van Avermaet und Oliver Naesen, den beiden Kontrahenten, die in seinem Windschatten diesen Hügel hinaufgebrettert waren. Was genau passiert war, ließ sich in diesem Moment kaum erkennen. Eine Jacke lag auf dem Boden, die Jacke eines Zuschauers. Ich war in diesem Moment, in unserem Teamwagen, geschockt und hatte auch ein bisschen die Sorge, dass Peter jetzt die Nerven verlieren könnte. Unser Topfahrer, der Mann im Weltmeistertrikot, gestürzt und aus dem Rennen genommen vom Kleidungsstück eines Fans. Schlimm genug, dass das passiert war, aber ich fürchtete eher: Würde Peter dem Zuschauer eine aufs Maul hauen? So groß waren die Hoffnungen gewesen, so hart der Sturz und so schlagartig die Enttäuschung. Peter behielt sich im Griff, aber ich war richtig angepisst. Da waren wir auf Topniveau, mit einem Superfahrer, und beim ersten Höhepunkt der Saison setzte es eine solche Klatsche.

Es sind solche Tage, an denen es auch darum geht, die Dinge auseinanderzuhalten. Wir waren innerhalb eines Jahres vom Außenseiterteam zu einer Equipe herangewachsen, die den Titelverteidiger in ihren Reihen hatte. Unser Topfahrer war mit einem Wheelie aufs Podium der Teampräsentation gefahren, und wir hatten ganz klar darauf gezielt, bei einem der großen Monumente des Radsports gleich unseren Sponsoren den Erfolg zu widmen. Doch nun war dieser Traum geplatzt. Und damit auch die Frühjahrssaison, denn Peter würde danach zwar noch beim Scheldepreis und in der Hölle des Nordens antreten, dem Kopfsteinpflaster-Klassiker Paris–Roubaix. Aber die einsetzenden Kopfschmerzen stellten sich bald als echte Gehirnerschütterung heraus. Auf dem Kwaremont hatte sich ein teures Schicksal zugetragen.

Es geht darum, mit einer solchen Lage vernünftig umzugehen – und ich muss sagen, dass Peter Sagan, der Rockstar unter den richtig guten Radlern, hier einen guten Eindruck hinterlassen hat. Wie gesagt: Ich war sauer, ich war angefressen wegen der Enttäuschung. Aber auf der anderen Seite habe ich mich gezwungen, die Sache differenziert zu betrachten. Das ist wichtig, wenn man Entscheidungen trifft und Urteile fällt. Meine Emotion, meine persönliche Enttäuschung, lässt sich nicht verstecken. Aber das heißt noch lange nicht, dass ich sie an anderen auslassen darf. Peter war vom Kopfsteinpflaster nach links auf den Sand vor der Grasnarbe ausgewichen, um dem härtesten Gerüttel aus dem Weg zu gehen. Das machen die Fahrer so, gerade wenn sie so eine gute Technik haben wie Peter, dann nutzen sie jeden Millimeter aus, um zwischen den metallenen Füßen der Absperrgitter und dem unebenen Kopfsteinpflaster eine sanftere Spur zu finden. Doch das ist eine Entscheidung, die sie im Rennen selbst treffen, und so eine Watt-Sparmaßnahme ist immer mit Risiko behaftet. Sie kommen verdammt nah ran an das Metall, an die Gesichter, Hände und Handys der Fans. Und manchmal knallt's.

An jenem 2. April 2017 hatte sich Peter für diesen sehr riskanten Kurs entschieden, genau wie die beiden Männer in seinem Schlepptau. Und dann, man konnte es später auf Zuschauervideos sehen, touchierte er mit dem linken Ellenbogen besagte Jacke, die über dem Zaun hing. Bei der Geschwindigkeit und

Kraft, die Peter hier den Kwaremont hinaufpresste, reichte ein solcher Kontakt aus, um das Gleichgewicht zu verlieren. Peter steuerte in die Metallfüße der Reling, verlor die Kontrolle und stürzte ebenso wie die beiden anderen auf die Fahrbahn – die Jacke flog hinterher. Es war das Ergebnis eines Rennfehlers, so muss man es einordnen, so habe ich es damals auch getan. Wir hatten also persönliche Enttäuschung, wir hatten einen Fehler in einer Hochdrucksituation – und wir hatten auch einen Menschen, der unter diesem Druck gestanden hatte und den größten Preis für sein eigenes Manöver zahlen musste. Peters Hoffnungen waren dahin. Ich entschied mich, ihm keinen Vorwurf zu machen. Ich war angepisst, ja, aber eben nur, weil etwas nicht geklappt hatte. Ich wusste, dass er es nicht mit Absicht verbockt hatte, und damit war für mich jede persönliche Kritik vom Tisch. Später hat Peter noch etwas Großartiges getan, was zeigt, wie er tickt: Er hat den Zuschauer, dessen Jacke er »mitgenommen« hatte, persönlich getroffen und sich mit ihm versöhnt. Eine große Geste, nicht unbedingt zu erwarten, die vor allem für den Fan von großem Wert gewesen sein dürfte. Wer will für den Rest seines Lebens eine Schuld tragen, dass der Weltmeister zu Boden geht? Peter wischte solche Gedanken im Gespräch mit dem Zuschauer weg. Er ist ein herausragender Typ.

An jenem Abend war der große Traum geplatzt. Wir tranken abends noch ein belgisches Bier im Teamhotel, es war ruhig an unserem Tisch. Dass große Hoffnungen auch große Enttäuschungen bedeuten, darf man nie verdrängen.

* * *

Ein paar Monate zuvor hatten wir deutlich fröhlicher beim Bier zusammengesessen. Da war Peter Sagan, der slowakische Weltmeister, der Superstar schlechthin im Radsport, erstmals zum Teambuilding bei uns in Bayern gewesen. Wir hatten ihn neu verpflichtet, ein großer Coup, und jetzt hatte er sich bei uns zum Antrittsbesuch eingefunden. Es war schon Spätherbst 2016, die neue Saison war in der Anbahnung, und wir waren nun offiziell ein Team auf höchstem Niveau im Radsport. Um nicht überzuschnappen und zu zeigen, dass wir zwar sehr hohe Ambitionen hatten, aber auch eine starke Bodenhaftung, luden wir unsere vergrößerte Mannschaft nach Bayern ein. Es ging nicht ins mondäne München, sondern ins Bräustüberl am Tegernsee, es war ein sehr zünftiger bayerischer Kneipenabend, sehr viel Bier und sehr viel Schnaps gehörten dazu, derbe Stimmung und Witze, an die sich niemand erinnern muss. Da saß der Weltmeister nun bei uns in der Provinz und ließ sich mit den Kollegen und mir den Braten und das Helle schmecken. Es war einfach nur ein Kneipenabend, wie er bei uns dazugehört. Ich hatte beschlossen, dass niemand zum Team sprechen sollte, gerade auch Peter nicht – denn der Superstar war er ja sowieso schon, und niemand sollte das Gefühl haben, dass da einer mehr Aufmerksamkeit von mir und dem Team bekommt als er selbst. Dieses klassische Gelage war wichtig für unseren Erfolg der kommenden Jahre, so denke ich darüber heute.

Es ist übrigens so: Wenn es ums Trinken geht, dann hatten wir an jenem Abend ganz sicher zu viel. Ich persönlich trinke gern ein, zwei Bier. Manchmal ist es auch etwas mehr, dann kann es aber bereits zu viel sein. Mich wundert allerdings, dass es unter Sportlern viele gibt, die eben nicht nur eines oder zwei zu sich nehmen können, sondern die sich immer wieder zu viel reinschütten – das ist ein Extrem, das mich irritiert. Man hat das Gefühl, dass sie nur nach dem Motto »Ganz oder gar nicht« zum Drink greifen, und das ist ganz sicher bei einigen Fahrern auf lange Sicht problematisch. Ich persönlich halte es so: Wenn der Anlass passt und die Laune stimmt, kann man ein paar Getränke zu sich nehmen. Krisen hingegen verdränge ich nicht mit Alkohol, dann habe ich keine Lust drauf und lasse die Finger davon.

Am Morgen nach unserem Beisammensitzen traf man sich wieder, verkatert, müde, verbunden. Und ich konnte bei Peter sehen, dass ihm dieses Zusammentreffen im Brauhaus eine Last von den Schultern genommen hatte. Klar war er der wichtigste Fahrer im Team, und das mit Abstand, er war unser Pfand für die Arbeit auf WorldTour-Niveau. Doch Peter hat zwei Seiten. Da ist der Superprofi, der fast allen anderen in Sachen Leistungsfähigkeit und Instinkt überlegen ist. Aber da ist auch der Lebemensch, den man ihm ansieht, er braucht dafür nicht einmal etwas zu sagen. Diesen Teil des Menschen Peter Sagan mussten wir einbeziehen, um ihm als Sportler eine Sicherheit zu bieten. Wir hatten Peter mit dem Versprechen überzeugt, dass wir deutsche Seriosität vertreten, getragen vom deutschen Mittelstand und unserer unternehmerischen Zuverlässigkeit. Aber wir mussten ihm die Furcht davor nehmen, dass seine Persönlichkeit in einem deutschen Team keinen Platz mehr hätte. Ich konnte am Morgen danach erkennen, dass Peter erleichtert war. Beim Bier war er Teil eines Teams geworden, dem er sich ein paar Monate vorher schon vertraglich angeschlossen hatte.

* * *

Die Zusammenarbeit mit Peter Sagan hat uns geprägt. Peter ist einer der größten Stars, den der Radsport jemals hatte. Er kam mit neunzehn Jahren zu den Profis ins Feld und siegte, brillierte, überraschte und brachte Leute zum Lachen. Peter Sagan ist mehr als ein Athlet, er ist ein Rockstar. Einen solchen Charakter in der eigenen Truppe zu haben, darauf muss man sich allerdings erst einmal einstellen. Diese Zusammenarbeit war eine enorm wertvolle Zeit für mich und hat mir vor Augen geführt, dass große Namen nicht nur Chancen bringen, sondern auch Gefahren bergen.

Dass Peter Sagan überhaupt für den Rennstall aus Raubling fahren würde, wäre ein Jahr zuvor noch als Spinnerei abgetan worden. Da waren wir, das immer noch aufstrebende Zweitligateam, und da war er, der Millionär im Dienste des russischen Mäzens Oleg Tinkow. Ich wollte hochkommen, Peter war ganz oben. Als ich mich mit dem Gedanken seiner Verpflichtung beschäftigte, war Sagan schon Weltmeister gewesen, hatte er schon mehrmals das Grüne Trikot für den Punktbesten bei der Tour de France gewonnen – der Mann war eine lebende Legende und hielt zugleich die Zukunft in der Hand.

Diesen Mann zu holen, war eine spontane Idee. Im Frühling 2016 war ich mit meinem Freund Willi Bruckbauer wie so häufig radeln, um zu entspannen. Da das Team trotz zunehmender sportlicher Erfolge nicht zum Giro d'Italia eingeladen war, hatte ich die Zeit für einen entspannten Radurlaub mit meinem Kumpel. Wir genossen die gemeinsame Zeit in Südtirol, logierten in Wolkenstein, fuhren Rad und ließen uns mit gutem Essen und gutem Wein verwöhnen. Wir schauten auch als reine Zaungäste beim Giro vorbei. Während dieser Reise dachten wir über die Möglichkeiten nach, wie mein Team 2017 den

Sprung aufs WorldTour-Niveau schaffen könnte. So ein Schritt bedeutete einen enormen finanziellen Aufwand, etwa 20 Millionen musste man als Budget zusammenbringen. Es war dieser kurze Urlaub, der lange nachgewirkt hat. Denn beim Giro dachte ich auch darüber nach, wie wir uns für die WorldTour sportlich aufstellen könnten – und da trat mir Peter Sagan vor Augen. Klar, das kann man für übergeschnappt halten. Das Zweitligateam und der Megaprofi – wie soll das bloß passen? Ich aber fragte Willi, was er von Sagan halten würde, Willi überlegte, wie man einen solchen Deal finanzieren könnte, wir einigten uns, dass es machbar sei – und dass Willi die nötigen Sicherheiten bereitstellen würde. Und damit begann, aus einer Laune heraus, mein Versuch, Sagan zu uns zu holen.

Zwei Tage nachdem ich mit Willi die Chancen für einen Sagan-Coup beim Wein ausgelotet hatte, saß ich am Mailänder Flughafen Linate mit Giovanni Lombardi zusammen. Giovanni ist ein Schwergewicht im Radsport, er war Olympiasieger auf der Bahn, fuhr anderthalb Jahrzehnte auf höchstem Level Straßenrennen, auch für das deutsche Team Telekom, sammelte Siege und Kontakte. Er ist ein paar Jahre älter als ich, und als ich noch im Sport aktiv war, sind wir Rennen gegeneinander gefahren – er auf einem deutlich höheren Niveau. Aber von daher kannten wir einander, und das ist in dieser Branche auch wichtig, um leicht Zugang zu Menschen zu bekommen.

Giovanni Lombardi ist heutzutage ein Strippenzieher im Profiradsport. Er ist als Manager der Fahrer tätig und damit ein sehr einflussreicher Mann, denn er berät seine Schützlinge und ebnet ihnen den Weg durch die Karriere. Giovanni ist der Manager von Peter Sagan, und damit war er mein Ansprechpartner beim Versuch, aus einer Spinnerei ein Projekt zu machen.

Ich war beim Giro, ich hörte mich ein wenig um, was von Peters Zukunft so zu erwarten war. Ich hatte mitbekommen, dass er nicht mehr bei Tinkoff Credit Systems bleiben wollte, das hatte sich herumgesprochen, denn gerade auf den westlichen Märkten war es für den Weltmeister eher hinderlich, mit einem russischen Geldgeber in Verbindung gebracht zu werden. Ich persönlich kann gar nichts über Oleg Tinkow sagen, und meines Wissens haben Peter und er auch gut und vertrauensvoll zusammengearbeitet. Aber es war kein Geheimnis mehr, dass Peters Vertrag 2016 auslief – und er sich nach einer neuen Möglichkeit umschaute. Sein Management ließ erkennen, dass es den Sportler lieber anderswo unterbringen würde.

Da saßen Lombardi und ich also am Mailänder Flughafen zusammen. Von außen betrachtet hätte es größenwahnsinnig wirken können, was ich ihm vortrug. Aber Giovanni hörte aufmerksam zu. Wir redeten über unser Team, mein unbedingtes Ziel, in die Topklasse des Sports vorzudringen, und über die sich ergebenden Möglichkeiten für Lombardis Mandanten. Dieses Gespräch ging nicht besonders lang, vielleicht eine Stunde, aber am Ende waren wir sehr weit gekommen. Die Hand auf den Deal gaben wir uns noch nicht, aber der Grundstein war gelegt.

Giovanni hatte das volle Vertrauen seines Mandanten, er war in seinem Namen und in seinem Willen mit mir verabredet. Dass etwas Neues entstand, etwas Ehrgeiziges, noch dazu mit einer Lizenz in Deutschland, das war für den Italiener eine überzeugende Aussicht. Das Vertrauen stieg noch, weil mein Freund Willi mir eine Sicherheit mitgegeben hatte. Er würde als Bürge hinter dem Team stehen, falls wir mit den sonstigen Geldgebern nicht auf das Gesamtbudget kämen.

Was mir besonders imponiert, ist die zielgerichtete Kommunikation mit Giovanni Lombardi. Das kann man noch auf die Spitze treiben. Ich persönlich bin, unabhängig vom Geschäftsmodell, fasziniert von der Art, wie Drogendealer wichtige Informationen austauschen. Es reicht ein kurzer Austausch im Vorübergehen, schon ist der Kern der Information weitergegeben. Nicht, dass ich den Profisport mit Drogenhandel gleichsetzen möchte, das soll jetzt niemand denken. Aber die Methode ist schon beachtlich. Es gibt in unserem Geschäft auch Leute, die so arbeiten. Und es gibt welche, die machen Show. Was ich mag, das kann man Hands-on-Mentalität nennen. Wer erwartet, dass der Mann hinter dem größten Star unseres Geschäfts großen Wert auf Status und Show legt, liegt weit daneben. Giovanni und ich scheinen da ähnlich zu ticken, und diese Methode finde ich grundsätzlich wichtig: auf den Punkt kommen, kein Drumherumgerede, kein Rückzug auf Vertragsdetails. Giovanni hat mal gesagt: Wenn man sich in einer Auseinandersetzung mit dem Vertragspartner die Paragrafen noch mal anschauen muss, ist es sowieso schon zu spät. Ich mag keine Paragrafenreiter, und einen Star erschafft man auch nicht mit Kleingedrucktem. Es geht um einen gemeinsamen Willen, eine gemeinsame Richtung, gemeinsame Ziele. Am Flughafen Mailand war all das da. Ab dem Moment war klar, dass das Vertrauen zwischen uns gegeben war, dass Peter kommen würde, wenn wir ihm ein stimmiges Paket schnürten. Schon vor der Tour de France im Sommer wussten wir, dass der Weltmeister im kommenden Jahr zu uns wechseln würde.

* * *

Den Superstar Sagan ins Team zu holen, katapultierte uns auf ein neues Level. Allerdings war es wichtig, die Gefahren dieser Ausgangslage zu erkennen. Superstars in Teams bedeuten, sei es im Sport oder in Unternehmen, immer enorme Risiken. Im Falle von Peter war klar, dass wir hier höllisch aufpassen mussten. Wir wollten nicht, dass er im Team einen Sonderstatus bekam, dass andere sich zurückgesetzt fühlten. Deshalb erteilten wir weder Peter noch jemand anderem das Wort, als wir uns im Tegernseer Bräustüberl zum ersten Mal zusammensetzten. Und deshalb setzen wir auch von vornherein Grenzen für die Freiheit, die Peter Sagan und sein Manager gern gehabt hätten. Denn Peter hätte gern ein Mitspracherecht bei der Aufstellung unserer Teams vor den Rennen gehabt, außerdem eine Startgarantie für seine Vertrauensleute. Dagegen wehrte ich mich. Ich habe nichts gegen Mitbestimmung, aber es ist auch wichtig, Grenzen zu setzen. Gerade im Umgang mit einem Ausnahmesportler bedrohe ich sonst die Stabilität unseres Teams. Ich verweigerte Peter diese beiden Wünsche, was im Rückblick enorm wichtig war. Wenn ich dem Star zu viele Freiheiten lasse, komme ich nicht mehr raus aus der Nummer, dann wird sich die Lage verselbstständigen. Es ist besser, früh Grenzen zu ziehen und dann im Einzelfall mal eine Ausnahme zu machen. Wir haben die Grenzen festgelegt, ich war der Chef des Teams, das war wichtig. Auch wenn es in der Folge häufiger mal geknallt hat, vor allem zwischen Giovanni Lombardo und mir. Das war allerdings die Art Krach, die gut zu vertragen ist. Denn Giovanni vertrat seine Meinung geradeheraus – und damit kann ich sehr gut umgehen.

Das besonders Brisante an der Verpflichtung Peter Sagans war, dass wir den Slowaken nicht allein bekamen – er hat auch immer einen Hofstaat im Gepäck. Wir wollten auch gar nicht nur ihn, denn wir wollten expandieren. So mussten wir vor dem Wechsel in die Saison 2017 gleich um zehn auf siebenundzwanzig Fahrer aufstocken, so sahen es die Regeln vor, weil wir ja aufgestiegen waren. Peter ist nicht nur ein Sunnyboy, er ist auch ein sehr loyaler Mensch, dem sein Umfeld wichtig ist. Seine Vertrauten geben ihm Sicherheit, er wiederum kümmert sich darum, dass es ihnen gut geht. So schön das klingt, so herausfordernd ist das für jemanden, der bereits ein sehr gut harmonierendes Team hat. An dem Punkt, an dem wir damals standen, bestand die Gefahr einer Abspaltung in der Equipe – dass ein Team im Team entsteht, welches den Erfolg von uns allen bedroht.

Peter brachte sehr starke Fahrer als Wegbegleiter mit – Maciej Bodnar beispielsweise, ein Jahr später Daniel Oss – aber auch Athleten, die wir nicht unbedingt vom freien Markt gekauft hätten. Wir haben den Kader damals um Peters Begleiter erweitert und in einem Fall auch eine Entscheidung getroffen, die besonders hart war. Denn 2016 verzichteten wir wegen des Umbaus auf eine Vertragsverlängerung mit Paul Voß, der uns im Sommer noch das Bergtrikot auf der ersten Etappe der Tour eingefahren hatte. Das war eine harte Entscheidung, die wir im Gesamtpaket rechtfertigen mussten – ein Kompromiss, der aber auch zeigt, dass man es mit solchen Deals nicht übertreiben darf. Im Falle von Paul Voß tut es mir leid, dass wir hier auf seine Kosten das Sagan-Team bevorzugt habe. Aber es gab eben auch Gründe dafür.

Kein Team im Team zulassen. Das klingt einfacher, als es ist. Aber wie mit vielen anderen Leitsätzen ist es gar nicht wichtig, dass man sich immer daran hält. Es geht darum, das Ziel zu verfolgen und die Entscheidungen daran auszurichten. Im Umgang mit Peter war das ganz wichtig, und es ist uns auch sehr gut gelungen. Sehr starken Anteil hatte ausgerechnet einer, den Peter selbst mitbrachte: Ja, als Superstar hatte er seinen eigenen Pressesprecher, der bei uns auf die Gehaltsliste kam. Gabriele Uboldi selbst hatte gar keinen Hintergrund im Radsport, er kam vom Segeln, hatte aber als Kommunikationsmensch eine andere Perspektive als wir Radsportler. Seine ganzheitliche Sicht, sein Interesse an Wahrnehmung und Kommunikation führten dazu, dass Peter in den wenigen schwierigen Situationen, die wir miteinander hatten, nicht die Bodenhaftung verlor. Uboldi hat als Vertrauensmann des Weltstars diese Rolle hervorragend ausgefüllt. Allerdings war auch Peter selbst immer wichtig, dass das Team von ihm profitierte.

Und wie wir von ihm profitierten. Peter war einer für den Sieg – aber auch einer, der sich nicht zu schade war, für Kollegen die Arbeit zu machen. Einer, der von Sagan profitierte, war Sam Bennett. Peter hatte als Weltmeister kein Problem damit, sich für den bis dahin nur mittelerfolgreichen jungen Iren beim Sprint in die Anfahrerrolle zu begeben. Eine solche Haltung des besten Mitarbeiters färbt positiv auf die gesamte Mannschaft ab. Wir haben von Peter viele Jahre lang enorm profitiert, aber wir haben eben auch früh sichergestellt, dass er nicht abhebt.

Peter Sagan ist der Mensch, der als einzelner Fahrer ganz sicher am meisten zu unserem Aufstieg beigetragen hat. Das Faszinierende an ihm war die Leichtigkeit, mit der er sein Handwerk beherrschte. Peter kam zu seinen Saisonhöhepunkten in einer Form, die ihm spielerische Siege erlaubte. Ich muss immer noch lachen, wenn ich an seinen ersten Tour-de-France-

Etappensieg für uns denke. Bei der dritten Etappe der Tour de France 2017 ging es vor dem Ziel in Longwy bergauf, Peter hatte sich schon knapp 200 Meter vor dem Ziel nach vorne gesetzt – und dann klickte er mit dem rechten Fuß versehentlich aus dem Pedal. Trotzdem gelang es ihm, die versammelte Kraftsprinter-Elite mit Michael Matthews, Dan Martin, Arnaud Démare und Greg van Avermaet zu düpieren. Ein Wahnsinn! Und unser erster Erfolg mit Peter auf dem Weg mit uns.

Peter brachte uns ins Rampenlicht, wie wir es noch nicht gekannt hatten. Er brachte Glanz – und er brachte Ärger. Am Tag nach seinem Triumph warf die Tour den Slowaken raus. In einem chaotischen Zielsprint hatte Peter den Konkurrenten Mark Cavendish in die Bande geräumt. Das kam nicht gut an. In der *BILD*-Zeitung war etwa von »Sagans Rambo-Attacke« zu lesen, der »Rüpel« stand als Gewalttäter im Fadenkreuz der Medien – und unsere Sponsoren erlebten plötzlich die Kehrseite des Erfolgs. Zum Glück habe ich in unserem Team Experten wie Ralph Scherzer, die gerade in Krisensituationen genau wissen, was zu tun ist.

Statt einer triumphalen Tour hatten wir gleich Kämpfe an mehreren Fronten zu führen. Ralph sorgte dafür, dass die öffentliche Meinung zu Sagan nicht dauerhaft gegen ihn umschlug. Wir sprachen mit unseren Sponsoren, bei denen sich viele enttäuschte Kunden meldeten, die sich wegen des Sprintvorfalls gegen die Produkte unserer Partner entschieden. Und ich selbst nahm mir vor, mich für Peter ins Zeug zu legen. Denn aus unserer Sicht war er zu Unrecht ausgeschlossen worden. Die Jury hatte ihn aus dem Rennen genommen, ohne sich die Videos vom Zielsprint anzuschauen, eine Tatsachenentscheidung. Für mich nicht nur wirtschaftlich ein Fiasko, sondern auch mit Blick auf Peters Karriere ein Tiefschlag. Wir waren uns sicher, dass Peter Mark nicht absichtlich in die Absperrungen gerammt hatte. Ich bin von der Tour abgereist und habe mich mit Peter zusammengesetzt – und dann habe ich angefangen, mich gegen den Verband UCI und gegen die Entscheidung zu wehren. Das war ich Peter schuldig. Wenn ich mir so etwas vornehme, bleibe ich dran. Ende des Jahres gab es dann wenigstens Genugtuung. Die UCI gestand ein, dass die Entscheidung ohne Videostudium nicht gerechtfertigt war. Peters Ausschluss war damit aus meiner Sicht als Fehler zu sehen, eine Fehlentscheidung zu unseren Lasten. Es ist gut, dass ich mit meinem Engagement dazu beitragen konnte, den Videobeweis in solchen Fällen zum Standard zu machen.

Wir hatten viele Erfolge mit Peter. 2017 wurde er Weltmeister in Norwegen – in seinem unverkennbaren Stil, bis 200 Meter vor Ziel unsichtbar, dann dominant. Der Weltmeister fährt für Raubling! Und dann folgte Peters bestes Jahr bei uns. Vor dem Eingang der BORA-Unternehmenszentrale, wo wir im achten Stock unsere Büros haben, liegt seither Kopfsteinpflaster. Peter hatte den Fehler aus dem Vorjahr wettgemacht und uns den größten Triumph eingebracht. Auf dem Weg von Compiègne nach Roubaix konnte ihm nur einer folgen, im Zielsprint setzte Peter sich spielerisch durch. Willi ließ daraufhin eine Gartenbauschule aus Nordfrankreich kommen und unsere Einfahrt mit echten Pflastersteinen aus der Hölle des Nordens neu auslegen. Es ist unser Monument an Sagans monumentalen Erfolg.

Im selben Jahr gewann Peter das Grüne Trikot bei der Tour. Niemand schickte ihn nach Hause, vielmehr beherrschte er das Metier, er gewann gleich drei Etappen. Es war ein Siegesrausch, in dessen Windschatten sich unser Team entwickelte. Schaue ich auf diese Zeit zurück, dann erkenne ich, wie der gut integrierte Star sich für uns ins Zeug legte – und wie wir alle davon mitgezogen wurden. So war es etwa Sam Bennett, der beim Giro d'Italia gleich dreimal reüssierte, und Pascal Ackermann gewann Sprintetappen bei mehreren Rundfahrten. Das Niveau unseres Teams stieg mit Peters Leistungen. Das war einfach geil. Das haben wir ihm zu verdanken. Denn Peter hat in unserem Team keinen Druck aufkommen lassen. Er hat die Chance eröffnet, dass wir hinter den Kulissen in Ruhe arbeiten konnten. Aus einer One-Man-Show mit mir als Hauptdarsteller wurde zunehmend ein Team: Ich habe mit Enrico Poitschke für die Sportliche Leitung und Dan Lorang fürs Training zwei hervorragende Partner gewonnen, mit denen ich vertrauensvoll zusammenfand. Um sie wuchs ein hochprofessionelles Team, das auf Wissenschaft und Experten setzte.

Bei alldem ist bemerkenswert, was dieser Peter Sagan gerade dann für uns tat, wenn es ihm nicht gut ging. Meinen größten Respekt hat er, weil er uns 2018 bei der Tour von Sieg zu Sieg trug. Dabei ging es Peter damals alles andere als gut, und ich wusste das natürlich. Im Vorfeld der Tour de France war klar geworden, dass Peters Ehe nicht mehr zu retten war. Ein Jahr nach seiner Disqualifikation beim wichtigsten Event unserer Branche fand er sich also wieder in einer brisanten Lage. Ich bekam damals mit, unter welchem Stress Peter stand. Auf dem Weg zu den Etappen, auf dem Weg ins Hotel, da hatte er keinen Kopf für die Vorbereitung auf die Tagesprüfung oder für die Entspannung. Er telefonierte andauernd mit seiner damaligen Frau und den Anwälten, um seine Ehe abzuwickeln. Es war schwer mitanzusehen, wie Peter litt, wie diese Lebenssituation ihn um seine Energie brachte. Das Aus einer Ehe, was für ein Einschnitt! Denn der Superstar, der Spitzensportler, lebt letztlich in menschlichen Beziehungen wie alle anderen auch, und Peter ist kein abgebrühter Einzelgänger. Nur hat er dabei noch eine viel größere Verantwortung. Denn Peter stand ja in der Pflicht, nicht nur ich, wir alle brauchten ihn. Peter lieferte, er gewann in La-Roche-sur-Yon, in Quimper und in Valence, er stand als Träger des Grünen Trikots auf dem Podium in Paris. Während der Tour machte Peter das Private öffentlich. Was für eine brutale Situation!

* * *

Die Zusammenarbeit mit Peter hat uns geprägt, in den Jahren 2017, 2018 und 2019 war er unser Garant für den Erfolg. Doch dann begann die Zeit des Abschiednehmens. In der Coronasaison 2020 gelangen ihm nicht mehr die Triumphe, die er noch im Vorjahr gehabt hatte. Bei der Tour ging er leer aus, während Sam Bennett bei seinem neuen Team und außerhalb von Sagans Schatten gleich ins Grüne Trikot sprintete. Wir wussten am Ende der Saison nicht, wie wir die Lage zu deuten hatten. War die trainingstechnisch schwierige Saison nur eine gewesen, in der Peter aus dem Tritt geraten war? War er vielleicht nach so vielen Jahren auf Topniveau einfach erschöpft? Wer mit neunzehn anfängt, auf höchstem Niveau Siege einzufahren, bei dem sollte man sich nicht wundern, wenn die Energie irgendwann nicht mehr da ist, um Jahr für Jahr noch besser zu werden. Und das muss man ja, denn die Konkurrenz wird auch immer besser. Wer sich nur konsolidiert, fällt dann zwangsläufig ab.

Unser Abschied von Peter Sagan erfolgte dann ohne große Tränen. In der Saison 2021, als sein Vertrag mit uns auslief, eröffneten sich mir nur zwei Möglichkeiten: Entweder Peter geht woandershin – oder er bleibt zu deutlich niedrigeren Bezügen bei uns. Die Diskussionen zwischen Giovanni Lombardi und mir hatten natürlich längst begonnen, das waren wir Peter schuldig. Einen solchen Menschen lässt man nicht ohne gemeinsame Perspektive ziehen. Es war unrealistisch, ihn zu einem günstigeren Salär zu halten, denn sein Status war ja immer noch der des Superstars. Es ergab sich dann, dass Peter sich relativ schnell mit seinem neuen Arbeitgeber einig war, bei dem er vermutlich genau das noch einmal schaffen wollte, was ihm für uns gelungen war: ein aufstrebendes Team als Anführer auf ein neues Niveau hieven. Peter verließ uns nach der Saison 2021 – und öffnete in unserem Team neue Perspektiven. Auch das ist Teil seiner Story, der seines Teams: Er machte den Weg frei für etwas Neues und verhielt sich bis zum letzten Kilometer für uns 100 Prozent loyal. Heute treffen wir uns manchmal. Ich würde nicht behaupten, dass wir befreundet sind, aber wir haben einen sehr guten Draht zueinander – und der Respekt füreinander wird weiterleben.

Alles hat seine Zeit. Die Investition von Geld und Aufmerksamkeit in einen Superstar, die Vorsicht, um einen Sonderstatus für ihn und seine Entourage zu verhindern, all das ist für uns sehr wichtig gewesen. Wir waren erfolgreich auf diesem Weg und haben mit Peter Großes geschaffen. Doch so schade der Abschied war, so befreiend war er auch. Nicht nur beim Budget, aber da natürlich auch: Ein Peter Sagan nicht mehr auf der Gehaltsliste – das ermöglicht völlig neue Planungen für die sportliche Zukunft. Ein Team ohne einen solchen Superstar hat unzählige Unsicherheiten vor sich, aber wir hatten in der Zwischenzeit am Umbruch gearbeitet. Es war Zeit und jetzt auch Gelegenheit, unser Team neu auszurichten. Als der Star ging, war das möglich.

Ohne bereits auf dem höchsten Level zu sein, wirbt Ralph Denk um den größten Superstar des Radsports. Mit Peter Sagan kommen sportliche Erfolge, mediale Aufmerksamkeit und eine ganze Entourage in die Mannschaft. Der Teamchef muss aufpassen, dass der Superstar in der Equipe nicht die Bodenhaftung verliert – vor allem aber muss er dafür sorgen, dass kein Team im Team entsteht und die Atmosphäre seiner Organisation zerstört. Denk setzt auf eine Mischung aus Zugeständnissen und klaren Grenzen – und erntet die vertrauensvolle Zusammenarbeit mit einem Ausnahmeprofi, der sein gesamtes Umfeld mit nach oben zieht. Durch die Ausnahmerolle von Sagan, der zugleich loyaler Teamspieler ist, kann sich hinter den Kulissen Neues entwickeln und ein weiterer Umbruch vorbereitet werden. So gelingt in der mit Bedacht umgesetzten Zusammenarbeit mit dem Superstar eine stetige Entwicklung hinter den Kulissen.

Kapitel 4

Konkurrenz belebt das Kollektiv

Ich bin ein großer Freund des Tierreichs, schaue mir gern Dokumentationen über wilde Tiere an und lerne über ihr Verhalten. Ich weiß, dass man aufpassen muss, wenn es um Übertragungen auf die menschliche Gesellschaft geht. Aber wir Menschen sind schließlich auch nur Tiere, und nicht nur deswegen finde ich es enorm spannend, mich mit dem Verhalten und den Fähigkeiten der verschiedensten Kreaturen zu befassen. Bei einer großen Entwicklung in unserem Team konnte ich nicht anders, als ständig an Großkatzen zu denken. Auch wenn sie anfangs putzig aussehen, wenn sie in einem Rudel älterer, sie beschützender Artgenossen aufwachsen: Irgendwann kommt der Punkt, an dem der Nachwuchs groß ist, stark und mächtig – der Punkt, an dem sie so kraftvoll sind, dass sie in einen Konflikt geraten, der Schmerzen mit sich bringt. Wenn ich an die Entwicklung unserer Sprinter denke, dann denke ich automatisch an Löwen. Wir hatten zwei junge Löwen, die in unserem Verband das Jagen gelernt haben, die bei uns aufwuchsen und sich gegenseitig stärkten – und die irgendwann so groß wurden, dass es sie in andere Reviere zog. Die Geschichte von Sam Bennett und Pascal Ackermann ist eine solche Episode von zwei jungen Löwen, die flügge werden.

Ihre Geschichte ist allerdings auch eine, die mit dem Superstar Peter Sagan zusammenhängt. Denn man weiß heute, dass sowohl Sam als auch Pascal eine richtig große Karriere im Radsport geschafft haben, mit Triumphen bei den besten Rundfahrten und hoch dotierten Verträgen, von denen auch die meisten Profis nur träumen. Doch dass sie dorthin gekommen sind, das hat ganz sicher auch mit der Ära zu tun, in der Peter Sagan bei uns für Ruhe sorgte. Peter siegte, Peter stand im Rampenlicht, Peter war das Aushängeschild – und bei uns im Team konnte sich eine ganze Riege von Leuten weiterentwickeln, weil der Druck für sie geringer war und das Selbstvertrauen mit Peters sportlichen Erfolgen wuchs. Für uns galt seit dem Start in den Profiradsport der Grundsatz, mit jungen Talenten zusammenzuarbeiten, Nachwuchsfahrer früh zu uns zu lotsen und ihnen große Chancen zu eröffnen. Das war die Basis. Als wir mit Peter Sagan den absoluten Superstar bei uns hatten und dazu noch auf WorldTour-Niveau aufgestiegen waren, hatte sich diese Tradition trotzdem nicht überlebt. Weiterhin setzten wir Fahrer ein, die höchstens Insidern ein Begriff waren, und bemühten uns um ihre Entwicklung.

Im September 2013 war unser Sportlicher Leiter Christian Pömer verantwortlich für das Team, das wir, damals noch unter dem Namen NetApp – Endura, zur Tour of Britain schickten. Damals hatten wir ein Aufgebot in Großbritannien am Start, das nicht gerade pompös wirkte. Cesare Benedetti war dabei, der bis heute für uns fährt. Daneben starteten Erick Rowsell, Scott Thwaites, Blaž Jarc, Alexander Wetterhall und Andreas Schillinger für uns. Wir waren nicht gerade zum

Siegen auf der Insel, aber Christian landete trotzdem einen Volltreffer.

Auf der fünften Etappe machte Christian, ein österreichisches Urgestein unseres Teams, dem überraschenden Tagessieger quasi mit dessen Überqueren der Ziellinie im walisischen Caerphilly ein Angebot – und der junge Mann, der gerade in einem Bergaufsprint ein prominent besetztes Feld besiegt hatte, sagte sofort zu. Die Rede ist von Sam Bennett, der noch kein Profi war, als er an jenem Septembertag aus der Spitzengruppe zum Tagessieg sprintete. Hinter ihm rasten Michal Golas, Jack Bauer, Simon Yates, Bradley Wiggins und Nairo Quintana ins Ziel. Christian Pömer hatte Sam schon ein paar Tage vorher ins Visier genommen, als der Ire gleich hinter Gerald Ciolek ins Ziel fuhr – damals war Gerald noch ein Topsprinter aus Deutschland und Bennetts zweiter Platz durchaus respektabel.

Heute reden wir gern von Scouting. Damals lief das noch anders. Christian Pömer trug die Verantwortung bei der Rundfahrt und hatte auch die Aufgabe, nach Talenten für uns Ausschau zu halten. Er rannte zu Sam Bennett, er bot ihm einen Profivertrag an – und das war es schon beinahe. Damals fuhr Sam noch als U23-Fahrer für das Team An Post, er war also noch Amateur; und als der Mann vom Team NetApp – Endura vor ihm stand, ging es nicht um große Träume, sondern um vernünftige Schritte. Sams Manager Andrew McQuaid fackelte nicht lange, er riet seinem Klienten für das folgende Jahr zur Unterschrift bei uns. So waren wir uns schnell einig und hatten den jungen Iren als Neoprofi für die Saison 2014 verpflichtet.

Es gibt eine Überzeugung, die wir damals vertreten haben und die uns auch heute noch wichtig ist. Wer zu uns kommt, soll sich entwickeln können, soll eigene Chancen bekommen und Verantwortung übernehmen. Jemanden wie Peter Sagan zu verpflichten, war (und ist) für uns der absolute Ausnahmefall. Eher geht es uns darum, jungen Fahrern einen Weg zu bereiten und gemeinsam mit ihnen besser zu werden. Mit dieser Überzeugung gewannen wir Sams Vertrauen. Er hätte damals auch in ein prominenteres Team einsteigen können. Der Sieg in Wales war ein klares Statement. Wer so etwas schafft, hat auf jeden Fall das Potenzial für eine große Zukunft. Doch Sam Bennett entschied sich vernünftig, wie ich finde, denn wir hatten ihn und seinen Manager mit folgendem Argument überzeugt: Komm als Neustarter im Profigeschäft besser zu uns in die zweite Liga, als auf der ganz großen Bühne im Schatten der Superstars keine Chance zu bekommen. Egal ob bei Quick-Step oder bei Lotto-Soudal - als Sprinter würde er es in jenen Mannschaften sehr schwer haben, gegen die bestehende Konkurrenz der endschnellen Topfahrer einen eigenen Platz zu bekommen. Gut in Erinnerung ist die schwierige Konstellation mit André Greipel und Mark Cavendish, zwei der besten Sprinter der Radsportgeschichte, die wenige Jahre zuvor beide für Team Columbia - HTC fuhren. Es war eine schwierige Konstellation, in dessen Verlauf der deutsche Starsprinter in die zweite Reihe abgeschoben wurde. Später erst, bei seinem neuen belgischen Arbeitgeber, trat Greipel aus dem Schatten des Rivalen heraus und avancierte zum Superstar, der sogar auf den Champs-Élysées zum Sieg sprintete.

Sam Bennett unterschrieb, weil wir ihm sagten: Komm zu uns, wir fahren für dich!

* * *

Ich wehre mich nicht, wenn die Menschen mich als Workaholic bezeichnen. Was mich daran stört, ist eher der Vorwurf und die Haltung, die darin mitschwingt. Für mich ist Arbeit keine Qual, Akribie kein Leid und Hingabe nicht nur etwas für den Feierabend. Überhaupt weiß ich gar nicht, was das für ein Leben ist, bei dem man sich nach Netflixen auf dem Sofa sehnt, während die Uhr abläuft. Jeder, der mich kennenlernt, wird relativ bald begreifen, dass ich Arbeitsethos ernst nehme und das Dasein als Unternehmer für mich keinen Ausgleich braucht.

Das Aufbauen, das Verfolgen großer Ziele sind für mich Lebensinhalt und Erfüllung. Die Ziele, die ich mir gesteckt habe, die ich dann gemeinsam mit den frühen Begleitern wie Willi Bruckbauer, Jens Heppner, Enrico Poitschke, den ersten Fahrern in unserem Straßenprofiteam verfolgt habe, diese Ziele waren immer meine Priorität Nummer eins. Ich glaube, dass diese Form des Sichwidmens durchaus auf meinen Laden abgefärbt hat. Heute kann ich tatsächlich häufig »wir« sagen, obwohl ich früher, als unser Team neu war, ehrlicherweise »ich« hätte sagen müssen. Wir haben inzwischen eine Organisation, in der die gemeinsamen Ziele mehr wert sind als die persönliche Komfortzone. Ein solches Team aufzubauen, erfordert volle Konzentration. Man macht sich jeden Tag Gedanken und stempelt nicht aus. Es ist wie bei den meisten mittelständischen Unternehmern: Sie sind persönlich da, sie entscheiden persönlich, ackern persönlich und schaffen es im besten Fall, dass ihr Team mit ihnen zusammen diese Begeisterung am gemeinsamen Projekt auslebt.

Viele Menschen würden es wohl als Verzicht, vielleicht sogar Selbstkasteiung bezeichnen, was ich im vergangenen Jahrzehnt gemacht habe. Andere könnten sagen: Der Ralph Denk kümmert sich nur um sich selbst und um seinen Erfolg. Und ja, da ist viel Wahres dran. Ich bin der Megaegoist. Ich gehe meinem privaten Umfeld oft aus dem Weg, weil ich keine Lust habe, meine Zeit zu verplappern und Dinge zu tun, die mich aufhalten. Wenn ich bei uns in der Rosenheimer Gegend bin, gehe ich eher ganz woanders essen – mir persönlich ist es zu anstrengend, Zeit damit zu verlieren, sozialen Zwängen nachzugeben, die mir nicht so viel bedeuten. Jetzt könnte man mich für einen Menschenhasser halten, aber das stimmt wirklich nicht. Ich bin von Natur aus scheu, ich bin auch kauzig, aber ich habe vor allem eine sehr harte Schere im Kopf. Wer mich gut kennt, lädt mich zu vielen Anlässen nicht ein. Wenn etwa eine Verwandte eine Familienfeier organisiert, fragt sie mich gar nicht erst, ob ich auch komme. Nur weil wir miteinander verwandt sind, heißt das noch lange nicht, dass ich meine freie Zeit dafür nutze, bei ihr Kaffee zu trinken. Mit den Verwandten habe ich manchmal genauso viel zu tun wie mit meinen Nachbarn. Ich mag sie, ich mag auch meine Nachbarn. Aber ich sehe keinen Sinn darin, samstags bei Kaffee und Kuchen irgendwo zu sitzen, während ich an meinen Projekten arbeiten oder wirklich entspannen könnte. Was ich ganz und gar nicht mag: in solchen privaten Zeiten über Radsport reden. Das aber wäre in vielen Kreisen unvermeidlich, also meide ich sie. Man soll mich nicht feiern, ich habe darauf einfach keine Lust. Ich will weitermachen.

Ich kann sicher sagen, dass mein Team zwischen dem Start ins Profistraßengeschäft 2010 und dem Beginn der Coronapandemie 2020 eine enorme Entwicklung vollzogen hat – und dass der Fleiß, die Besessenheit, die ich habe, daran einen großen Anteil gehabt hat. Es ist mir und dann uns gelungen, in einem Jahrzehnt vom No-Name-Team zum Weltklasserennstall zu wachsen. Das habe ich vorangetrieben. Das ist nicht überheblich gemeint. Aber wir wären heute nicht da, wo wir alle zusammen sind, wenn ich nicht auf meine Weise vorausgegangen wäre, ständig mit dem Auto quer durch Europa gefahren wäre, meine Netzwerke bearbeitet, mit Fahrern gequatscht und Sponsoren von uns überzeugt hätte. Peter Sagan wäre nicht zu uns gekommen und hätte uns auf das nächste Level gehievt, wenn wir dafür nicht hart gearbeitet hätten. Und der Erfolg, der in Peters Windschatten heranwuchs, wäre ohne die mühevolle Arbeit hinter den Kulissen nicht denkbar gewesen. So etwas kauft man sich nicht, so etwas erarbeitet man sich.

* * *

Von Sam Bennett war ich schnell angetan. Sam war ein eher zurückhaltender junger Mann, in Belgien geborener irischer Staatsbürger und Sohn eines Fußballprofis, der in Belgien spielte. Als Kleinkind ging Sam mit der Familie zurück nach Irland, wo er in der Heimatstadt von Sean Kelly aufwuchs, bekam das aber erst viele Jahre später mit. Später fuhr er dann ja auch in dessen Nachwuchsteam, als wir ihn ins Visier nahmen.

Sam schnappte nicht über, als er vom Erfolgserlebnis bei der Tour of Britain eine Stufe nach oben stieg und bei uns seinen Profivertrag hatte. Er kam zu uns und zeigte direkt, dass er ein unermüdlicher Arbeiter ist. Das imponierte mir. Wenn ich mir anschaue, welchen Weg Sam bei uns und zwischendurch auch woanders gegangen ist, dann muss ich ihn als Arbeitstier bezeichnen. Das meine ich ausschließlich positiv. Hier ist jemand, der sich alles hart erarbeitet, der sich ständig hinterfragt und der sich nicht ausruht, wenn es zum Sieg gereicht hat. Das war jemand, der für uns als Zweitligateam damals ein großer Gewinn war.

Man weiß von Sam, dass er schon als junger Profi nicht nur seine eigene Linie im Blick hatte, sondern den Sprint als umfassendes Lehrumfeld begriff. Er studierte akribisch, wie seine Idole Tom Boonen und Robbie McEwen zu ihren großen Siegen sprinteten, all die Faktoren, die in diesen Sekunden vor der Ziellinie zusammenwirken. Sam hat etwas Unerbittliches, er schaut sich die Videos immer wieder an, analysiert immer wieder, welche Faktoren zum Erfolg oder Misserfolg führen. Das ist jemand, der ebenfalls nicht den Kopf ausschaltet, wenn das Rennen durch ist – vielmehr fängt für ihn ein großer Teil der Arbeit dann erst an. Obwohl Sam noch sehr jung war und wir nicht gerade ein Topsprinterteam hatten, schlug er relativ schnell ein. Bereits in seinem ersten Jahr bei uns siegte er bei einigen durchaus beachtenswerten Rennen, etwa in Almería, bei Rund um Köln und auch bei der letzten Etappe 2014 der Bayern-Rundfahrt – die im Jahr darauf leider Geschichte war.

Sam ist einer der Fahrer, die ich als Eigengewächs bezeichnen würde. Er ist mit uns groß geworden. Er hat uns geholfen. Wenn er heute über das Team redet, dann schwärmt er von unserer deutschen Präzision, von der professionellen Einstellung. Er hat in einem Interview gesagt, im Profiradsport laufe so vieles geradezu chaotisch ab, da sei es schwierig, gut organisierte Bedingungen zu finden – die bei uns in Hülle und Fülle herrschen. Das ist eine Wertschätzung, die mir sehr wichtig ist und die ich gern zurückgebe. Sam war schon als Neoprofi ein besonders organisierter Fahrer – und bis heute ist er jemand geblieben, der seine wirklich schöne Karriere über harte Arbeit erreicht hat. Er ist auch jemand, der das Team enorm nach vorne bringt, weil er genaue Rückmeldungen gibt zum Trainingsplan, zur Taktik und zum Material. Man könnte vielleicht denken, dass es das im Profigeschäft zur Genüge gibt. Aber das ist nicht so. Sam ist einer, der mitdenkt, der den Verantwortlichen für Performance und sportliche Planung das Feedback gibt, das allen zusammen hilft. Viele Sprinter sind richtige Rampensäue, er ist anders – und das gefällt mir. Sam weiß zwar, welche Stärken er hat. Aber er ist auch ein Zauderer, der eine gewisse Zeit benötigt, bis er sich und dem Umfeld absolut vertraut. Als er neu bei uns war, da hat er lange gebraucht, um wirklich sicherzugehen, dass ich ihm den richtigen Weg aufzeige. Konnte er unserer Planung vertrauen? Ich habe ihm oft die Zweifel angemerkt, ob wir ihm einen Scheiß erzählt haben. Aber im Lauf der Zeit sind wir dann zu Vertrauten geworden.

* * *

Ich brauche gar nicht so weit zurückzublicken, um eine Ära ziemlich hemdsärmeliger Entscheidungsfindung bei uns zu finden. Mit dem, was wir für Topprofisport als selbstverständlich empfinden, hatte es relativ wenig zu tun. Entscheidungen traf ich, trafen wir oft aus dem Bauch. Es ging um die Ansprache und um die Überzeugung, dass die jeweils neuen Mitarbeiter zu uns passen würden. Heute sind wir sehr professionell beim Scouting und bei der Personalauswahl. Vor ein paar Jahren noch gingen Sachen anders über die Bühne. Bei Sam Bennett trauten wir uns einfach was, das war ganz spontan. Bei Peter Sagan traute ich mich richtig was, das war spontan und auch ein bisschen größenwahnsinnig. Bei vielen anderen

Fahrern kamen Connections zum Tragen: Man kannte die Manager, man sah Ergebnisse, Talent und Potenzial – und vor allem sahen wir, dass wir uns diese Fahrer noch leisten konnten.

Die Ära des Peter Sagan, die bei uns vor der Saison 2017 begann, veränderte vieles. Mit Peter erreichten wir in der Außenwirkung neue Höhen, wir schufen aber auch im Team ein neues Selbstvertrauen. Es kann für eine Mannschaft ein großer Segen sein, wenn ein Topstar nicht nur die Schlagzeilen übernimmt, sondern dem Team auch einen sportlichen Wert sichert und noch dazu über spektakuläre Erfolge die Siege einfährt, die für alle zusammen die Basis der weiteren Entwicklung darstellen. Jahrelang hatte Peter für uns diesen Stellenwert – und die jüngeren Fahrer wuchsen an ihm.

Es ist ein kurioses Bild, das da im Herbst 2016 entstand. Unsere Neuverpflichtung Peter Sagan trägt ein schwarzes Poloshirt und lächelt entspannt. Ich stehe neben ihm, im schwarzen Teamhemd, und wirke irgendetwas zwischen wahnsinnig stolz und enorm angespannt. Und rechts daneben steht der Einzige in unserem Trio, den außerhalb des engsten Zirkels in der Welt des Radsports kaum jemand kennt, der aber bereits unsere Farben für die neue Saison trägt. Da steht ein zweiundzwanzig Jahre junger blonder Mann, der als erster Fahrer überhaupt das Trikot anziehen darf, das nicht nur neue Sponsorennamen zeigt – sondern auch unseren Aufstieg in die WorldTour manifestiert, also auf das höchste Level des Radsports.

Der junge Mann ist einer der beiden Fahrer, die ich heute als junge Löwen bezeichne. Damals war bei uns im Team vor allem Platz für jemanden wie ihn: Pascal Ackermann stand nach Jahren bei rad-net Rose vor dem Sprung zu den Profis – und wir machten ein relativ einfaches Assessment. Als wir »Ackes«, einen fröhlichen, bescheidenen Typen aus Kandel in der Pfalz, zum ersten Mal sahen, war er Bahnspezialist. Das war 2016. Dan Lorang, der in der Zeit danach bei uns ein wegweisendes Performance-Konzept aufzog, war gerade erst zu uns gekommen. Wir hatten keine Daten, um potenzielle Neufahrer zu durchleuchten. Bei Pascal sahen wir eine Kennziffer: Er konnte die 1000 Meter auf der Bahn in 1:03 Minuten zurücklegen. Enrico Poitschke, der damals den Sport bei uns verantwortete, entschied gemeinsam mit mir aus dem Bauch: Wer den Kilometer so schnell schafft, wer vier Kilometer in weniger als fünf Minuten schafft, den können wir aufbauen.

Das Ergebnis unserer Analyse von Pascal Ackermann: Der muss schnell fahren können, den können wir für den Sprint gebrauchen – und die langen Distanzen, die bringen wir ihm schon noch bei. Es ist eine Gabe, auf relativ kurzen Strecken aus eigener Kraft richtig schnell zu werden, alles eine Frage der Genetik. Dagegen ist es viel einfacher, sich die Ausdauer für lange Rennen anzutrainieren. So ist es letztlich nur eine Frage von Wille und Zeit, ob es jemand beispielsweise als Freizeitathlet schafft, einen Ironman zu finishen. Wer Fleiß hat und das richtige Umfeld, der kann sich auf die extrem ausdauernden Belastungen des Radsports sehr gut einstellen.

Dass Pascal durchaus die Eignung für Größeres hatte, zeigte sich dann auch in seiner letzten Saison bei den Amateuren: Er wurde Deutscher Meister der U23 auf der Straße, im Mannschaftszeitfahren und sicherte sich sogar noch die Silbermedaille bei der Straßen-WM in Katar. Dann stand er bei uns zur Pressekonferenz im spanischen Gandía neben mir und Peter Sagan, ein demütiger, fröhlicher Bube aus der Provinz, der keine Ansprüche stellte und für den wir deshalb noch einen

Platz im Team hatten. Dass er Fahrer aus Deutschland war und wir en passant den deutschen Nachwuchs fördern konnten, passte für mich hervorragend.

Auf jener Pressekonferenz in Spanien hatte Peter Sagan große Ziele verkündet - und auch eines benannt, das für uns als Team besonders wichtig sein sollte. Er wollte, so sagte Sagan damals, eine Art Lehrmeister sein für die Sprinter in der Mannschaft. Erst ein paar Wochen später würde Sagan unser neues Trikot überstreifen dürfen, außerdem hatten wir noch bis Jahresende einen Vertrag mit unserem alten Radhersteller - also bekam man auch noch nicht die Fahrräder von Specialized zu Gesicht, jener Marke, die gemeinsam mit Peter Sagan zu unserem Team kam.

Es begann ein großer Aufwärtstrend, der auch mit dem internen Wettbewerb zwischen Pascal und Sam zu tun hatte. Man kann nicht behaupten, dass Sam vorher geschwächelt hätte - er hatte seine Siege eingefahren. Aber ab dem Moment, als beide zusammen in einem Team mit Peter Sagan um ihre Rollen als Siegfahrer fuhren, kam eine neue Dynamik rein. Sam, dessen Weg bis dahin recht kontinuierlich nach oben gezeigt hatte, traf nun auf einen internen Konkurrenten, der schlagartig zum Erfolg fuhr.

* * *

Ackes und Sam wuchsen, nachdem Sagan bei uns war. Sie hatten ihren Platz im Team. Untereinander kamen sie gut klar, und wir vermieden es, eine Konstellation wie bei Greipel und Cavendish entstehen zu lassen. Sam arbeitete weiter hart an sich, Pascal freundete sich mit Michael Schwarzmann, Rüdiger Selig und Andreas Schillinger richtig gut an und fand so eine Kombo, in der er bald zu Siegen sprinten würde. All das geschah, weil wir wegen Sagan keinen übermäßigen Druck hatten.

2019 kam dann das Jahr, in dem die beiden schließlich so gut wurden, dass die Hierarchie im Rudel zu bröckeln drohte. Die beiden waren bei uns in den Jahren zuvor zu Weltklassesprintern geworden, wir profitierten als Team davon – und die siebenundvierzig Siege, die wir in jenem Jahr einfuhren, gingen zum großen Teil auf das Konto der beiden. Mit dem Team versuchte ich, den sich androhenden, großen Konkurrenzkampf zwischen ihnen zu umgehen. Wir schufen ein Rennprogramm, bei dem sich die beiden nicht in die Quere kamen. Es sollte kein Gegeneinander geben. Das war wichtig. Aber irgendwann, das wussten wir, würde der Punkt kommen, an dem nicht alle Ansprüche bedient werden könnten, an dem das Team nicht mehr genug Platz hatte, um die beiden hungrigen Kraftprotze im Zaum zu halten.

Im Laufe der Saison 2019 erreichten wir diesen Punkt. Ich traf harte Entscheidungen, Enrico Poitschke als Sportlicher Leiter traf ebenfalls eine konsequente Auswahl, ohne die Enttäuschungen zu fürchten. Im Jahr davor hatte Sam für uns gleich drei Etappen beim Giro d'Italia gewonnen, das war eine enorme Leistung gewesen – für uns als Team richtig wertvoll. Dennoch waren wir 2019 noch mehr von Pascal Ackermanns Fähigkeiten überzeugt. Bei Pascal sahen wir einen rasanten Formanstieg, noch viel explosiver als bei Sam. Also vergaben wir 2019 das Startrecht für Italien, die zweitwichtigste Rundfahrt des Jahres, an Pascal. Sam Bennett war natürlich enttäuscht. Er würde im Herbst die Vuelta in Spanien fahren, die Tour de France war Peter Sagan vorbehalten – mehr Sprinter brauchten wir in Frankreich nicht.

Es war ein Jahr, in dem die Konkurrenz im Team große Früchte trug. Trotz der enttäuschenden Rennvergabe für Sam blühte unsere Leistung auf, seine aber auch. Unser loyaler Mitarbeiter aus Irland blieb weiter professionell. Sam siegte doppelt bei Paris–Nizza, einmal beim Criterium du Dauphiné und auch zweimal bei der Spanien-Rundfahrt. Natürlich war er angepisst, als wir Pascal den Vorzug für den Giro gaben. Aber Sam erkannte auch, was er an uns hatte. Er sagte mir damals, das Team und die Infrastruktur seien so gut, das Lead-out für ihn als Sprinter, da bleibe er trotz des hohen Wettbewerbsdrucks.

Gleichzeitig erlebte Pascal das beste Jahr seiner Karriere. Angestachelt vom Konkurrenzkampf im Team fuhr er zum Giro. Alles schien damals spielend einfach zu laufen für ihn, Pascal gewann nicht nur Eschborn–Frankfurt, sondern sprintete in Italien sogar ins Maglia Ciclamino, das Trikot für den Punktbesten in der Gesamtwertung. Der Kampf zwischen den beiden Junglöwen hatte sich für uns ausgezahlt. Aber jetzt waren sie sehr groß geworden, so groß, dass es schwierig wurde mit ihnen.

* * *

Reisende soll man nicht aufhalten, so heißt es. Dennoch weiß ich heute nicht, ob ich bei Sam Bennett noch einmal so nachgiebig wäre wie am Ende der Saison 2019. Als Team hatten wir immens profitiert von seiner Stärke. Er hatte sich im Laufe der Saison, trotz der Rückschläge im Kampf mit Pascal, weiter für uns entschieden. So setzte Sam im Laufe der Saison seine Unterschrift unter einen Vorvertrag, mit dem wir die Verlängerung seiner Arbeitszeit in unserem Team besiegeln wollten. Ich war froh darüber, denn die Konstellation mit den beiden Sprintern war für uns noch ein Segen. Noch schienen wir die Lage im Griff zu haben, noch stieg das Gesamtniveau.

Im Sommer 2019 rief mich Sam dann an. Er weinte, das konnte ich hören. Sam war eine Art Ziehkind für mich, seit sechs Jahren waren wir verbunden, er hatte bei uns den Weg an die Spitze gemacht. Jetzt sagte Sam mir, er müsse den Vertrag mit uns doch auflösen – das belgische Quick-Step-Team habe ihm ein Angebot gemacht. Für mich war das ein Schlag. Denn wir hatten ja einen Term Sheet, also ein Dokument zur Vertragsanbahnung, unterschrieben. Sam versuchte, sich aus dieser Abmachung herauszuwinden: Das sei ja kein echter Vertrag, sondern nur eine Vorabsprache.

Dies war einer der Punkte, an denen ich nicht rein kommerziell enttäuscht war. Ich nehme mir solche Vorgänge normalerweise nicht zu Herzen. Aber in diesem Fall ging es auch um das Wort zwischen zwei Menschen. Sie sollten wissen, dass ich von der Ehe zwischen Mann und Frau persönlich nichts halte. Ich glaube nicht an dieses Konstrukt. Wohl aber weiß ich, dass es Menschen gibt, für die ein solcher Vertrag bindend ist und sehr bedeutsam. Das gilt es zu respektieren. Ein Vertrag, den Menschen miteinander schließen, wird unter Gleichen abgemacht – und dabei geht es neben dem Geld immer auch um das Menschliche. »Du hast mir dein Wort gegeben«, sagte ich damals, »und jetzt sagst du ebenso wie dein Management, dass dein Wort nicht gilt.« Damit konnte ich mich nicht abfinden.

So kam es, dass ich mich mit einem meiner liebsten Sportler im Laufe unserer bis dahin besten Saison zerstritt und sogar die Sportjustiz anrief. Vom Weltverband ließ ich klären, dass Sams Vorvertrag mit uns eben doch bindend sei – doch auch danach ließ er nicht ab. Er wolle weg, weg, weg, sagte Sam, was ungewöhnlich für ihn war. Aber im Herbst gab ich irgendwann nach. Schließlich war Sam sogar bereit, uns eine saftige Kompensation zu überweisen, damit wir ihn nach Belgien gehen ließen und doch nicht auf den Vertrag bestanden. Ich lenkte ein. Finanziell war das ein gutes Geschäft, und Sam zahlte ordentlich Lehrgeld. Doch als Team litten wir unter dieser Entscheidung. Mit Sams Abgang verloren wir jenen Zug im Kader, der uns in den Jahren davor stark geholfen hatte.

Als der eine inzwischen erwachsene Löwe in der Saison 2020 nicht mehr bei uns war, ging auch Pascal Ackermann etwas verloren. Er war zunächst der lachende Dritte bei uns, plötzlich rückte er neben Peter Sagan zum klaren Sprintstar auf. Im Nachhinein ist es erstaunlich, wie sehr seine Ergebnisse sich verschlechterten, nachdem der fahrerinterne Druck im Kader weg war. Die Grand-Tour-Erfolge der Sprinter waren schlagartig außer Reichweite. Während Sam sein Niveau zu Quick-Step mitnahm und sich sogar bei der Tour de France gegen Peter Sagan im Kampf ums Grüne Trikot durchsetzte, fuhr Pascal weder Giro noch Tour, immerhin siegte er dann zweimal bei der Spanien-Rundfahrt. Der Konkurrenzkampf, der ihn beflügelt hatte, war nun allerdings weg. Vielleicht kam nun der Rückschlag, der kommen musste, weil Pascal meiner Meinung nach zuvor ein bisschen zu schnell nach oben gekommen war. Ackes scheint mir ein ganz anderer Typ Profi als Bennett zu sein. Er muss – aus meiner ganz persönlichen Sichtweise – häufiger mal angeschubst werden. Er kann schon auch hart an sich arbeiten, aber oft braucht er dafür den Impuls von außen. So scheint es, als hätte Pascal die Konsequenz, der Druck von außen gefehlt. Diese Probleme sind wesentlich kleiner, wenn eine Organisation sich bei den Ergebnissen auf mehrere Leute verlassen kann. 2020 verloren wir zunächst Sam Bennett und dann auch bald jenen Drive, der uns so lange ausgemacht hatte.

Aus heutiger Sicht halte ich es für einen Fehler, dass ich Sams Weggang nicht unterbunden habe. Ich war in unserer gewachsenen Beziehung irgendwann einfach zu nachgiebig, zu menschlich. Das war für unser Unternehmen nicht gut. Dieser Bruch mit dem, was vorher gewesen war, hat uns zurückgeworfen. Durch das Einknicken an dieser Stelle beraubte ich uns jenes Wettbewerbs, der für das Team so wichtig war – viel wichtiger noch als das Geld, das Sam uns zahlte. Eine gut geführte Mannschaft braucht Wettbewerb unter den Leistungsträgern. Ich habe an diesem Beispiel gelernt, dass ich das Bestehen dieses Wettbewerbs zur Chefsache machen muss.

* * *

Es ist kurios, dass Pascal Ackermann bei uns nicht mehr in die Spur kam, dann aber zu einem finanzkräftigeren Team wechselte. Es ist auch kurios, dass Sam Bennett die größten Erfolge in seiner Karriere für seinen nächsten Arbeitgeber feierte und doch wieder zu uns zurückkehrte. Das sagt eine Menge darüber aus, mit welch unterschiedlichen Charakteren wir im Radsport arbeiten.

Pascal verließ uns nach der Saison 2021 und hinterließ sogar noch eine Menge Frust. Als wir ihn nicht für die Tour im Sommer aufstellten, wandte er sich mit der Enttäuschung an eine Pfälzer Zeitung. Ich hätte, sagte Ackermann dort, mich nicht an mein Versprechen gehalten – ich hätte ihm die Teilnahme an der Tour de France zugesagt. Das zeigt mir noch heute, dass Sportler durchaus Schwierigkeiten haben können, sich und ihr Können einzuordnen. Ja, ich hatte Pascal in Aussicht gestellt, dass er bei uns einmal die Tour fahren würde. Dem *Kölner Stadt-Anzeiger* sagte ich damals: »Ackermann kann auf mein Wort vertrauen, wenn die Leistung stimmt. Absolut. Ich kann ihn allerdings nicht mitnehmen, wenn er keine Form hat. Wenn er die entsprechende Form hat, wird er bei der Tour dabei sein.« Aber in der Saison 2021 war er dafür einfach nicht gut genug. Das sind Entscheidungen, die ein Chef vertreten muss. Wir brauchen Wettbewerb, nicht Blankozusagen. Ich bin sicher, dass Pascal Ackermann das Zeug gehabt hätte, für uns auch bei der Tour Etappen zu holen. Doch diese Chance hat er sich ohne Widersacher im Team selbst genommen. Und so ist es wirklich kurios, dass er in der Presse auf mich schimpfte, dann aber zu einer Mannschaft wechselte, bei der er auf absehbare Zeit nicht die Chance bekommen wird, in Frankreich um Etappensiege zu sprinten.

Sam Bennett dagegen kam 2022 zu uns zurück. Das ist auch kurios, aber es hat mich ehrlich gesagt gefreut. Sam war dem Lockruf des belgischen Teams gefolgt, hatte vor allem 2020 ein überragendes Jahr erlebt. Doch dann muss ihm aufgefallen sein, dass bei Quick-Step vieles nicht so gut lief, wie er sich das vorgestellt hatte. Sam hatte unsere gut organisierten Arbeitsprozesse zu schätzen gelernt, und deshalb wollte er zurück zu uns.

Als Sam sich bei mir meldete, musste ich nicht lange überlegen. Ja, wir hatten uns über sein Vertragswerk gezofft, waren bis zum UCI-Tribunal gegangen, hatten gegeneinander gekämpft. Aber für mich ist es wichtig, dass man nach einer solchen Auseinandersetzung wieder aufeinander zugehen kann, dass man auch anerkennt, was einen verbindet. Mit Sam ist das bestens gelungen. Er hat sich gemeldet, wir haben offen gesprochen, er hat erneut bei uns unterschrieben. Ich habe gelernt, dass man im Geschäftsleben nicht lange an seinen Emotionen hängen soll. Wenn überhaupt, dann an den positiven, die ich mit Sam verbinde: einer, der wie wir alle hart gearbeitet hat. Also habe ich mir auch auf die Fahne geschrieben, über die Enttäuschungen hinwegzukommen.

Ein inzwischen gereifter Löwe war also wieder in unserem Rudel. Ich habe nicht darüber nachgedacht, welche Schmerzen die Kämpfe vor ein paar Jahren verursacht hatten. Ich dachte daran, dass dieser großartige Profi wieder zu uns kommen und unser Niveau heben würde. Vor allem geht es mir um das eine: zu gewinnen. Ob er mich gekränkt hat oder nicht, spielt dann keine Rolle mehr. Es geht darum, Rennen zu gewinnen. Also habe ich gesagt: Wir geben Sam noch eine Chance.

Die neuartige Situation mit dem Superstar Peter Sagan und dem Team auf dem höchsten Level des Radsports schafft neue Möglichkeiten auch für die Fahrer in der zweiten Riege. Besonders gilt das für zwei nachstrebende Fahrer, die auf dem gleichen Gebiet um Erfolge kämpfen. Die beiden Sprinter können sich im Windschatten des Topfahrers entwickeln und bald auch eigene Erfolge feiern. Ralph Denk erkennt den Wert des Wettbewerbs für die Steigerung der einzelnen Fahrer – und das hebt das Niveau der gesamten Mannschaft nach oben. Als Denk einen Fahrer widerwillig ziehen lässt, sinkt auch die Leistung des anderen Sprinters. Daraus leitet der Teamchef ab, dass der Wettbewerb innerhalb einer gut geführten Organisation dauerhaft die Leistung fördert.

Kapitel 5

Zocken, blenden, hoch pokern – mit dem Plan in der Schublade

Wenn ich jemandem erklären möchte, mit welchem Ehrgeiz und welcher Zielstrebigkeit ich arbeite, bitte ich gern mal im ersten Treffen bei uns im Büro um eine Pause. Ich verlasse dann den hochmodernen Besprechungsraum im Glaskasten mit ergonomischen Stühlen und High-End-Konferenztechnik, laufe durchs Großraumbüro vorbei an meinen sportlich gekleideten Mitarbeitern und gehe in mein Eckbüro ganz hinten, wo ich ein altes Heft heraussuche. Es hat zweiundfünfzig Seiten, einen roten Umschlag und ein Titelbild mit einer Fahrradmannschaft in roter Kleidung, die durch den Sonnenaufgang rollt.

Wenn ich meinen Gesprächspartnern dieses kleine Jahrbuch im A5-Format in die Hand drücke, muss ich nur eines dazu sagen: Schau, das haben wir schon Ende 2007 so gemacht. Wir waren damals noch weit vom erfolgreichen Profisport entfernt, unsere Mannschaft bestand aus dreizehn Athleten im Alter von siebzehn und achtzehn Jahren. Ihr Name: »Quest-Ralph-Denk-Bavarian-U19-Cycling-Team«. Meine damalige Freundin gestaltete damals unser Jahrbuch, das eine

Qualität hat, wie es sie bis vor Kurzem selbst auf höchstem Niveau im Radsport noch selten gab. Im Vorwort schreibe ich, warum ich mich als erfolgreicher Radhändler noch für den Radsport einsetze: »Weil Radsport meine Leidenschaft ist!« Ich machte meine eigene Erfahrung zum Ausgangspunkt – hatte es zwar im Nachwuchs weit nach oben geschafft, aber dabei weder ausgefeilte Trainingspläne noch Tipps von erfahrenen Trainern noch eine Renngemeinschaft gehabt. Das wollte ich ändern: »Den talentierten Nachwuchsfahrern von heute will ich deshalb unter die Arme greifen, ihnen alle Möglichkeiten auf ihrem Weg in Richtung Profiradsport bieten – wer weiß, vielleicht sehen wir ja den ein oder anderen in ein paar Jahren bei der Tour de France wieder?!«

Bis zu den Profis brachten es einige der Jungs, die damals für mich fuhren. Zur Tour schaffte es leider keiner. Aber immerhin: Michael Schwarzmann wurde nicht nur Profi, sondern begleitete den Aufstieg meines Teams bis aufs höchste Level – seine Karriere dauert weiter an, er ist ein gestandener Mannschaftsspieler. Michael fuhr bis 2021 für mein Team und war mehrmals beim Giro d'Italia und bei der Vuelta in Spanien dabei. Dass unser Nachwuchsteam so etwas in sich hatte – und dass auch ich mit meinem kleinen Betrieb Großes vorhatte –, davon war ich schon damals fest überzeugt. Das rote Büchlein zur Saison 2008 ist für mich der nachträgliche Beleg dafür, dass wir immer nach mehr strebten.

Wenn man mich heute fragt, ob der Erfolg unseres Teams so planbar war, sage ich ohne Umschweife: »Ja.« Auch wenn es arrogant klingt, auch wenn man es mir kaum glauben mag: Ich hatte den Plan für das Team, das wir heute auf WorldTour-Niveau aufgebaut haben, bereits vor fast zwei Jahrzehnten in der Schublade. Ich weiß das, deswegen sage ich es auch so. Und ich meine das ohne Übertreibung, wobei natürlich damals nicht jedes Detail so klar definiert war, wie es heute zu sehen ist. Aber in groben Zügen, in der Art, wie wir auf das Weltklasseniveau kommen würden, auch in der Art der Zusammenarbeit in unserem Team, hatte ich mich bereits für eine Strategie und einen Weg zum Ziel entschieden. In der Schublade hatte ich damals tatsächlich Notizen und Ideen, weil ich meinen Weg im Straßenradsport bereits fest vorgezeichnet hatte.

Es gab Dinge, die mich angesprochen haben. Da waren zum Beispiel die Teamchefs Hans-Michael Holczer von Gerolsteiner und Walter Godefroot bei T-Mobile. Was mich damals persönlich besonders interessierte: Die beiden hatten sehr erfolgreiche Fahrradgeschäfte aufgezogen und waren danach als sportliche Verantwortliche bis aufs höchste Niveau aufgestiegen. Ich studierte, wie sie das geschafft hatten, ich erkannte die Interessen der Hersteller, die Möglichkeiten zur Verbindung von Sport und Marketing, ich analysierte ihre Art der Teamführung. Ich schaute aber auch nach Italien und Spanien, wo es die traditionsreichen Mannschaften gab, und wunderte mich immer wieder darüber, wie offensichtlich unprofessionell und nach Bauchgefühl hier gearbeitet wurde. Bei den Dopingskandalen der Nullerjahre kam unzweideutig zum Vorschein, dass vieles in diesem System dilettantisch, ja oft beinahe mafiös organisiert war. Ich hatte früh einen ganz anderen Plan. Ich wollte eine echte Organisation aufbauen, in der Fleiß und Werte zählen, in der mit begrenzten Mitteln und Teamgeist eine Weiterentwicklung provoziert wird. Das passt zu dem, was ich damals meinem Lehrer in der Hauptschule gesagt hatte. Es ging darum weiterzukommen, weiter in einem sehr dynamischen

Sinn. Es ging darum, mit wenig verfügbaren Ressourcen kluge Entscheidungen zu treffen und hohe Ansprüche an mich selbst zu stellen, die wiederum mein Umfeld mitnahmen. Ich wollte ein Underdog sein, der sich nicht vom eigenen Erfolg einlullen lässt – ich wollte etwas aufbauen, das nicht an Dynamik verliert. Mehr verdienen als mein Lehrer. Weiter kommen als die überlegenen Wettbewerber. Das ist mein Kurs.

* * *

Nicht alles kann man sich selbst erarbeiten. Aber es ist gut, wenn man sich vorbereitet hat, wenn man auf Chancen vorbereitet ist. 2009 war ich weiter erfolgreich in meinem Radgeschäft tätig, ich verkaufte Rennräder und Mountainbikes, ich schuftete für mein Nachwuchsteam und suchte – tatsächlich ohne Ertrag – nach Sponsoren, um die Auswahl mit dem roten Jahrbuch auf Profiniveau zu hieven. Wenn man etwas verkaufen will, muss man es aufhübschen, davon war ich schon früh überzeugt. Aber das heißt noch lange nicht, dass es sich dann auch schnell verkauft. Zweieinhalb Jahre lang hatte ich Brief um Brief verschickt und Gespräch um Gespräch geführt, um Geld in unsere Kassen zu spülen.

Dann stand eines Tages im Jahr 2008 ein Kunde in meinem Laden, der ein Rennrad suchte und sich umgehört hatte, wo hier in der Region um Rosenheim der beste Händler sei. Es war mein Glück, dass dieser Mann nur 500 Meter vom Haus meiner Eltern entfernt wohnte. Wir kamen ins Plaudern, ich hörte ihm zu, wie man das als erfahrener Vertriebsmensch tut. Ich horchte, was dieser Mensch wirklich brauchte. Da war zum einen das Fahrrad. Aber wir kamen auch auf den Profisport zu sprechen, und er berichtete mir, dass seine Firma gerade dabei war, sich als Sponsor im Radsport zu engagieren. Der Mann, der sich inzwischen als Europachef des US-amerikanischen IT-Unternehmens NetApp herausgestellt hatte, traf auf einen Verkäufer, der längst auf mehr vorbereitet war als den Absatz eines Sportgeräts. Er quatschte ein bisschen mit mir, er erzählte, dass er kürzlich einen Termin mit Roger Legeay gehabt habe, dem Chef des französischen Spitzenteams Crédit Agricole, der Mannschaft des norwegischen Sprintstars Thor Hushovd.

Alles in mir war in Alarmbereitschaft. Ich hatte meinen Plan in der Schublade und wusste, dass ich gleich etwas tun musste. Mein Kunde berichtete, dass er sogar über eine Übernahme des französischen Teams nachgedacht hatte. Jetzt schritt ich ein. Der eben noch Unbekannte hatte sich geöffnet, und ich erkannte, dass dies meine Chance war. Ich fiel nicht mit der Tür ins Haus, er hatte mich eingeladen. Mein Argument war von langer Hand vorbereitet, weil ich auch bei anderen Sponsoren versucht hatte, es vorzubringen: »Wenn Sie ein fertiges Team übernehmen, zahlen Sie einen hohen Preis für eine Organisation, in der Sie im Zweifelsfall nur mühsam etwas gestalten können. Wenn Sie bei uns einsteigen, können Sie zu einem geringeren Beitrag an der Neuentwicklung von etwas Großem mitwirken.«

Dass ich auf diesen Moment vorbereitet war, muss den Kunden positiv überrascht haben. Er hörte mir zu, wie ich ihm sagte: Rom wurde nicht in einem Tag erbaut, der FC Bayern war nicht immer auf die Meisterschaft abonniert – aber der Erfolg, der Ruhm dieser Beispiele ist kontinuierlich gewachsen. An so etwas mitzuwirken, ist eine großartige Sache. Ich erläuterte, wie ich mit strukturierter Arbeit aus einem Nachwuchsteam eine wettbewerbsfähige Profimannschaft aufbauen wollte, wie wir dann Schritt für Schritt nach oben klettern sollten. Der Manager verließ meinen Laden nicht nur mit einem nagelneuen Rennrad, sondern auch mit dem Vorhaben, sein Team von einer Alternative zum Einstieg bei Crédit Agricole zu überreden.

Wenn sich solche Chancen auftun, will ich maximal vorbereitet sein. Ich erwarte das auch von meinem Umfeld. Wer sich entwickeln will, darf nicht planlos in den Termin gehen, sondern muss wissen, was er herausholen will. Dafür ist es wichtig, die eigene Verkaufsstrategie an die Gesprächspartner anzupassen.

Hier war ich, der nicht gerade weltgewandte Fahrradmann aus Raubling – und nun stand ein Termin beim Marketing von NetApp in Kirchheim bei München an, wo ich die Entscheider eines internationalen, modernen Techunternehmens von meiner noch nicht existierenden Organisation überzeugen wollte. Ich, der Hauptschulabsolvent und Autodidakt der Radbranche, traf auf das globale Marketingteam von NetApp. Ich wusste, dass mein Auftritt in diesem Kreis nicht zum Ziel führen konnte, zu sehr würde ich ins Stottern kommen, zu weit wäre meine Ausstrahlung von dem entfernt, was mein Publikum gewohnt war. Also suchte ich mir Hilfe und kam auf meinen befreundeten Geschäftspartner Karl-Heinz, der damals schon gestandener Unternehmenslenker war und ebenfalls ein Technologieunternehmen führte, das sich bei uns im kleinen Stil als Sponsor der Nachwuchsarbeit engagierte. Ich bat Karl-Heinz, mir bei der Präsentation in Kirchheim zu helfen – er war sofort dabei. Dass er mitkam, war entscheidend. Ich hätte das Business-Englisch der Runde niemals gemeistert, Karl-Heinz übernahm den Vortrag und beantwortete die Fragen, ich saß daneben und nickte.

Ich erinnere mich aber auch noch an das Gefühl, das mir dieser Tag vermittelte. Die Leute vom potenziellen Sponsor lachten nicht über mich, den sechsunddreißig Jahre jungen Radhändler, vielmehr beobachteten sie uns gespannt und auch beeindruckt. Da kommt kein Fantast, müssen sie gedacht haben – und das war auch mein Plan. Da kommt einer, der sich vorbereitet hat, der unsere Sprache spricht und der präpariert ist für die Arbeit auf diesem Niveau. Wir erreichten schnell eine Einigung: 500 000 Euro steckte NetApp in unser Team. Es war der Grundstock, um in den Profistraßenradsport zu starten. Den Plan hatte ich ja längst in der Tasche.

Es gab nie eine andere Idee, als mit meinem Team bis nach ganz oben zu kommen. Den Traum haben natürlich sehr viele, und der Weg dorthin ist beschwerlich und erfordert nicht nur Einsatz, sondern eben auch eine Menge Kapital. Dennoch gibt es aus meiner Sicht Unterschiede, was Zielstrebigkeit anbelangt. Ich bin kein Zocker vom Naturell her, aber ich bin einer, der ganz gut zocken kann und der immer auf die nächste Stufe kommt. Ich habe keine Ahnung von Videospielen, aber ich weiß, dass es da auch um so etwas geht: Man bleibt nicht auf einem Niveau stehen, man will weiterkommen, eine Schwierigkeitsstufe höher beweisen, dass man es kann.

Als wir im Herbst 2009 unser neues deutsches Radsport-Profiteam der Öffentlichkeit vorstellten, befand sich der deutsche Eliteradsport auf dem Rückzug. Das ehemalige T-Mobile-Team war nun nach Amerika abgewandert und radelte als Team Columbia – HTC dem Ende entgegen, beim Team Milram endete die sehr erfolgreiche Ära 2010, als wir gerade unsere erste Profisaison fuhren. Es wirkte schon ein bisschen übergeschnappt, als ich bei unserer Pressekonferenz im September

2009 ankündigte, dass wir in vier Jahren auf ProTour-Niveau unterwegs sein wollten. Doch ich hatte die Rückendeckung unseres neuen Sponsors. Bei NetApp waren die Manager verständlicherweise nicht damit zufrieden, den Namensschriftzug bei Rundfahrten durch die Normandie, die Slowakei oder das Elsass zu sehen. Sie wünschten sich das Jersey im Fokus der Kameras bei den ganz großen Rennen, und sie hatten das Logo ihrer Firma auch schon im Bundesligafußball bei der TSG Hoffenheim und beim publikumsstarken Eishockeyklub Adler Mannheim platziert. Der Anspruch gefiel mir. Mir gab das Recht, denn ich wollte auch dorthin.

Die 500 000 Euro, die wir am Anfang hatten, der Einstieg als Continental-Team, das war nett – aber für mich ging es längst woandershin. Grundsätzlich finde ich es wichtig, dass man nicht nur das nimmt, was einem gerade angeboten wird. Ich benenne lieber exakt, was ich will und was ich brauche, und auf diese Weise ermögliche ich schnelleres Wachstum. Ich wollte und brauchte mehr Geld von NetApp, das war klar, denn auf Drittliganiveau wollte ich nicht verharren. Das war ein zu rumpeliges Geschäft. Meinen Teil der Arbeit erledigte ich. Ich sprach in Kalifornien, in Frankreich, in Italien vor. Ich versuchte, Einladungen für unser neues Team zu organisieren. Im zweiten Jahr starteten wir immerhin schon bei richtig großen Rennen wie Paris–Roubaix, Tour de Suisse und Kalifornien-Rundfahrt, die Vattenfall Cyclassics in Hamburg – ein World-Tour-Rennen –, die Rundfahrten in Österreich und der Türkei: beide damals als HC-Rundfahrten sehr prominent. Da ich mit den damaligen Sportlichen Leitern Jens Heppner und Enrico Poitschke am Anfang einen guten Aufschlag machte, gab uns NetApp ab dem zweiten Jahr mehr Geld: 1,25 Millionen pro Jahr. Ich aber wollte wieder mehr. Mit diesem Betrag, das wusste ich, würden wir auf lange Sicht nicht weiterkommen. Gerolsteiner und Milram hatten mehr als das Vierfache zur Verfügung gehabt. Da wollte ich hin, davon waren wir noch weit weg – also musste ich umso forscher agieren.

* * *

Ich finde, als Unternehmer muss man bereit sein, zu zocken, Dinge als Realität zu behaupten, die noch lange nicht sicher sind. Sonst kommt man nicht von der Stelle, sonst kommt man eben nicht auf die nächste Stufe. Wenn ich mein Ziel kenne, dann kenne ich auch den Weg dahin. Mag sein, dass manche Brücken noch nicht gebaut sind, wenn ich meine Partner anspreche. Aber wer nicht voranschreitet, der braucht diese Brücke auch gar nicht erst zu bauen.

Ich habe viele Dinge behauptet, die zu jenen Zeitpunkten noch alles andere als sicher, vielleicht sogar realistisch waren. Ich kann das gerade auch in Situationen, in denen andere womöglich nach Rückschlägen erst einmal in eine Art Schockstarre verfallen. So war es beispielsweise nach unserer ersten Teilnahme am Giro d'Italia 2012: Für mich war klar, dass wir inzwischen dem Sponsor mehr als die 1,25 Millionen Euro wert sein mussten. Reine Formsache, dachte ich. Doch ich hatte von den europäischen Managern bei NetApp gehört, dass die Unternehmenszentrale in den USA skeptisch sei. Also habe ich mich, wie es meine Art ist, in den Flieger gesetzt und bin hingeflogen. In Amerika traf mein Optimismus auf eine Wand aus Skepsis. Wenn wir weitermachen, dann bestimmt nicht mit einem größeren Investment, sagten mir die Verhandlungspartner. Das war ein Rückschlag für mich, aber ich ging in die Offensive und handelte wenigstens das zweite Namensrecht an unserem Team heraus, das ich selbst vermarkten wollte. Ich flog zurück und ging in die Vollen.

»Es macht überhaupt keinen Sinn, was du gerade machst, Jim.« So oder so ähnlich meldete ich mich kurz darauf bei einem schottischen Selfmademan. Jim McFarlane ist in der Radbranche prominent, der ehemalige Unternehmensberater machte sich in seiner Heimat selbstständig und nähte selbst Fahrradhosen, die besonders robust waren. Daraus entstand die Marke Endura, eine Firma, die bei Mountainbikern und Rennradfahrern beliebt ist. Jim hatte es weit gebracht und war als Namenssponsor auch im Straßenradsport unterwegs, das Endura-Team war 2010 gegründet worden.

Ich wusste, wie aufwendig die Arbeit in einem Conti-Team war, wie wenig dabei rumsprang. Ich wusste, dass ich Jim etwas Besseres in Aussicht stellen konnte. Ich wollte ihn aber nicht nur mit dem zweiten Namensrecht eine Liga über seiner bisherigen locken, ich wollte ihn heißmachen. »Lös dein Team auf, gib dein Geld mir – und du bist bald bei der Tour de France!« Mit solchen Worten brachte ich Jim dazu, bei uns einzusteigen. Ich habe an mich geglaubt, ich war auch davon überzeugt, dass ich das Zeug hatte, dieses Team zur Tour zu führen, deshalb hatte ich kein schlechtes Gefühl dabei.

Im Spätsommer 2013 allerdings schrie mich Jim McFarlane in einem Hotel im nordspanischen Galicien an und bedachte mich mit deftigen Schimpfwörtern, laut und trotz des schottischen Dialekts für mich klar verständlich. Statt zwei Monate vorher mit mir bei der Tour de France zu gastieren, hatte sich Jim mit dem Flieger zur Vuelta begeben. Er war stinkig. Ich hatte ihn mit dem größten Rennen geködert, aber schließlich mussten wir uns mit einer Wildcard für die Spanien-Rundfahrt begnügen. Jeder, der sich nur ein bisschen mit Radsport auskennt, weiß: Das sind völlig unterschiedliche Dimensionen. Jim regte sich berechtigterweise auf, ich hatte den Mund zu voll genommen. Das musste ich aushalten. Dafür stand ich gerade. »Ich sollte in Paris sein, warum bin ich jetzt im verschissenen Galicien?« waren die Worte, an die ich mich in etwa erinnere. Da war kein Funken Spaß dabei, das war eine richtig ernste Reaktion. Ich war aber sicher: Wir werden die Tour noch erleben. Deshalb kann ich auch gut damit leben, wenn es Ärger gibt. Wenn ich etwas vertreten habe, bin ich auch bereit, das zu tun.

Das Gute in jenem Jahr: Nach der anfänglichen Aufregung beruhigte sich Jim. Und unser Team, das dank seines Geldes und eines neuen Fahrradsponsors deutlich mehr Budget hatte, wusste zu überraschen. Ganz besonders in Erinnerung bleibt der 31. August 2013, ein Samstag. Bei strahlend blauem Himmel attackierte unser tschechischer Fahrer Leopold König an der Zweikilometermarke aus dem Verfolgerfeld, das hinter dem einsamen Ausreißer Igor Anton vom Team Euskaltel her war. Thibaut Pinot, der französische Jungstar, versuchte vergeblich, an Leopolds Hinterrad zurückzufahren. Es bildete sich ein Grüppchen, in dem auch Ivan Basso um den Tagessieg mitfuhr. Doch Leopold entkam den Verfolgern und überholte mit mächtigem Speed einen halben Kilometer vor der Bergankunft am Alto de Peñas Blancas in der Nähe von Estepona den baskischen Konkurrenten. Leopold hielt durch, auch wenn die Verfolger alles versuchten. Er schrie, als er beide Arme in die Höhe reckte – und kurz danach lächelte er wie jemand, dem ein richtig guter Streich gelungen ist.

Es war dieser Sieg am Ende der ersten Woche der Vuelta 2013, der mich vom vermeintlichen Hochstapler zum mutigen Geschäftsmann werden ließ. Denn im Jahr danach bekamen wir die Einladung zur Tour de France, dem wichtigsten Rennen in unserem Sport. Ich bin mir ziemlich sicher, dass Leopold uns mit seinem beherzten Antritt in Spanien diese Bühne erschlossen hat. Denn die Macher der Tour – die ASO – organisieren ja auch die Vuelta, und da werden sie bei unserem Auftritt 2013 schon genau hingeschaut haben. Ralph Denk, ehemaliger Radhändler in Raubling, der aber schon mit Tour-Chef Christian Prudhomme beim Lunch war, dieser Ralph Denk redete nicht nur – er lieferte auch. Und Jim McFarlane konnte sich beruhigen. NetApp – Endura brachte ihn nach Paris, wenn auch ein Jahr später als erhofft.

Ohne offensives Vorgehen kommt man nicht weit. Wir haben schon immer versucht, nach den Sternen zu greifen und nicht nur das zu erreichen, was gerade in Reichweite scheint. Ich persönlich finde, dass dabei Hemdsärmeligkeit wichtig ist. Improvisieren, ausprobieren, auch mal ein Wagnis eingehen, das sind meine Ansätze. Wenn wir ständig vordefinierte Prozesse umsetzen, wenn alles erst geregelt sein muss, bevor jemand in Aktion tritt – dann kann man es aus meiner Sicht auch gleich bleiben lassen. Als jemand, der in der Hauptschule einem starren System begegnete, kritisiere ich noch heute die Mutlosigkeit, die auch in unserem Bildungssystem vermittelt wird. Nur mit Prozessen, nur mit Lehre strikt nach Vorschrift kommt man nicht weiter. Dagegen finde ich es bemerkenswert, dass viele große Founder wie Bill Gates, Mark Zuckerberg oder die Google-Gründer klein und mitunter in der Garage ihr Geschäft angefangen haben. Ich mag dieses Denken *outside the box*, wie es so schön heißt, ich mag die Art, wie Elon Musk mit konventionellem Denken bricht. Ich habe das auch immer versucht, in die Vollen gehen, etwas in Bewegung setzen – und vom Ziel her denken, was viele Dinge möglich erscheinen lässt.

Ein riesiger Zock war natürlich unser Engagement von Peter Sagan. Ihn überhaupt anzufragen, das war sicherlich schon sehr gewagt. Noch dazu hatten wir zu jenem Zeitpunkt ja nicht einmal die WorldTour-Lizenz. Aber über den Fleiß, die Seriosität dahinter habe ich ja schon berichtet. Und es zahlt sich eben aus, dann auch vorzupreschen.

* * *

2016 war das Jahr, in dem mein Masterplan schon beinahe komplett umgesetzt war. Es war erstaunlich, was plötzlich alles passte – zehn Jahre nach dem großen Dopingschock und dem Niedergang unseres Sports in der deutschen Öffentlichkeit. Christian Prudhomme, der Tour-Direktor, war zwei Jahre vorher schon bei uns in Raubling gewesen, man nahm uns inzwischen ernst und hatte uns als Ansprechpartner in Deutschland auserkoren, wie oben schon einmal gesagt, dem wichtigsten Markt in Europa. Die Stadt Düsseldorf hatte den Start der Tour de France für 2017 zu sich geholt, und wir waren Teil der öffentlichen Kampagne für dieses Ereignis. Mein Freund und BORA-Gründer Willi Bruckbauer und ich saßen in der nordrhein-westfälischen Hauptstadt mit Pressevertretern zusammen, wir warben für das Ereignis im folgenden Jahr, da klingelte mein Handy.

Es war etwa 17 Uhr, und der Anruf kam von der Firma hansgrohe aus dem Schwarzwald, mit der ich schon häufiger versucht hatte, ein Sponsoring einzufädeln. »Wir haben es noch mal sacken lassen«, sagte mir die Stimme am Telefon. Jetzt, wo die Tour nach Deutschland kam, wo wir Peter Sagan im Team hatten und unsere Mannschaft offensichtlich ganz nach oben kletterte, waren wir plötzlich doch interessant. Thorsten Klapproth, der Vorstandsvorsitzende, wollte uns zum Abendessen treffen. Doch wie sollte das gehen? Von Düsseldorf in den Schwarzwald fährt man locker fünf Stunden. Kein Problem, sagte der Gesprächspartner, wir würden abgeholt. Aber wie sollte das schneller gehen, fragte ich. Mit dem Flugzeug, war die Antwort.

Am selben Abend redeten mein Freund Willi und ich nicht nur mit Thorsten Klapproth, wir aßen deftig und verstanden uns gut. Ich organisierte noch einen Mietwagen, mit dem wir dann in Richtung Oberbayern aufbrachen. Es dauerte keine Stunde, da rief der Vorstandsvorsitzende persönlich an. Einhundertfünfzehn Jahre lang hatte hansgrohe keinerlei Gelder in Sponsoringaktivitäten gesteckt. Jetzt sagte der Chef persönlich, dass wir für ihn spannend waren.

***

Man muss manchmal auch billige Tricks wählen, um weiterzukommen. Ich erinnere mich an Verhandlungen mit international renommierten Marken, die unorthodox gelaufen sind. Eine meiner liebsten Anekdoten hatte mit einem Ausstatter zu tun, den wir offensiv angingen.

Da waren einerseits wir, und auf der anderen Seite kam ein ganzes Team von Rechtsanwälten und Marketingmanagern eingeflogen, um mit uns über einen Deal zu verhandeln. Das war durchaus lustig. Die Delegation war zu Besuch bei uns in Raubling, setzte sich in unseren gläsernen Konferenzraum – und gegenüber saßen meine Assistentin Xandi Pichler und ich. Xandi kam damals frisch von der Schule, die weite Welt des Business kannte sie natürlich nicht, und ich war eben der ehemalige Radhändler, der sein Team überraschend groß gemacht hatte. Gegenüber die Konzern- und Juraprofis. Man merkte den Gästen an, dass sie mit einem Auftrag gekommen waren: Sie wollten sich billig bei uns einkaufen und vermuteten, wir würden nehmen, was sie anbieten, weil wir am vermeintlich kürzeren Hebel saßen.

Ich aber stellte mich stur. Die Gäste mauerten. Es war ein zäher Tag, an dem wir nichts erreichten. Wir vereinbarten einen weiteren – und letzten – Verhandlungstag. Ich sagte zu Xandi: Wir brauchen jetzt einen Taschenspielertrick.

Der war relativ simpel, aber erfolgreich. Als die Verhandlungen auch am zweiten Tag nicht vorankamen, gab ich Xandi ein Zeichen. Sie sagte, sie müsse mal auf die Toilette. Als sie aufstand, schubste sie das Buch auf ihrem Tisch ein wenig vor und ließ ein ausgedrucktes Flugticket zum Vorschein kommen. Xandi ging aus dem Raum, und alle anderen konnten lesen, dass das Ticket an einen Ort ausgestellt war, wo der größte Konkurrent unseres Verhandlungspartners seinen Sitz hatte. Als Reisedatum war der nächste Tag eingetragen. Ich hatte vorher schon was von weit gediehenen Verhandlungen mit anderen Unternehmen gesagt. Die Gesprächspartner mussten nur eins und eins zusammenzählen. Der Denk fliegt als Nächstes zur Konkurrenz. Als Xandi zurückkam, war plötzlich Zug in den Gesprächen. Natürlich war das nur ein Bluff, mit dem Widersacher hatte ich nie geredet. Aber dieser Partner war an Bord.

Zu zocken, auch mal hoch pokern oder blenden sind aus meiner Sicht entscheidend, wenn man wenig hat, aber viel bewegen will. Mir persönlich ist immer besonders wichtig, dass wir Entscheidungen erreichen, die uns auf dem Weg zum Ziel weiterbringen. Ich bin pragmatisch, ich kann auch in manchen Situationen Kompromisse machen, wenn sie uns helfen. Aber ich bin durchaus gewillt, das zu verlangen, was ich brauche – nicht das, was man mir anbietet. Das liegt an dem Plan, den ich verfolge, der auch schon so lange schon in meiner Schublade liegt.

Diese Einstellung bedeutet allerdings nicht, dass es immer nur ums Mehr geht. Im Gegenteil. Es geht darum, die richtigen Partnerschaften zu schließen, manchmal sogar auf Geld zu verzichten. Im Radsport ist es oftmals verlockend, das schnelle Geld zu verfolgen. Wir haben technische Partner, die uns Geld dafür geben, dass wir ihre Produkte tragen. Da gibt es durchaus eine Menge Marken, die große Summen bereitstellen, wenn wir sie als Partner wählen. Doch hier ist Geld eben nicht alles. Wenn wir uns für Brillen, Räder oder Reifen entscheiden, dann geht es auch darum, dass wir glaubwürdige und hochwertige Partner haben. Wir schauen auch, was die Fahrer von den Partnern halten. Klar ist aber auch: Je weiter man nach oben kommt, desto einfacher wird das. Aber das Renommee ist eigentlich wichtiger als das Geld. Wenn man gute Partner hat, fließt das Geld schon von ganz allein. Das sollte man beim Zocken immer wissen. Und so kann es sein, dass ich mich auch mal für einen Partner entscheide, der noch ganz am Anfang steht und wesentlich weniger Budget bietet als seine Wettbewerber. Ich finde, dass zum Business immer die Entwicklung gehört – und deshalb wähle ich auch gern meine Partner danach aus. Wenn unsere Partner ambitionierte Ziele haben, imponiert mir das viel mehr, als wenn sie mit großen Beträgen locken.

Wer mit seiner Organisation weit kommen will, braucht personelle und finanzielle Ressourcen – doch um die zu bekommen, braucht es vor allem erst einmal Gelegenheiten. Ralph Denk schafft sich die Gelegenheiten zur Entwicklung, indem er weiter denkt als ans Tagesgeschäft. Mit klarer Zielsetzung und einer langfristigen Perspektive gelingt es ihm, zufällig aufkommende Situationen zu seinem Vorteil zu nutzen. Denk ist bereit, Zielsetzungen auszugeben, die weit über dem Status quo liegen. Damit geht er auch ins Risiko und macht sich angreifbar. Aber nur so entsteht eine Dynamik, mit der er schnell und konsequent aufs höchste Level seines Sports kommt. Denk weiß, dass er mehr braucht als das, was seine Gesprächspartner ihm geben wollen. Er fordert, was er braucht, um seine Ziele zu erreichen. So erläutert er eine offensive Haltung als Unternehmer, der mit wenig Sicherheiten operiert.

Kapitel 6

Von Krisen als Chancen: Wie wir mit Doping als Risiko umgehen

Die Grundlagen für den Einstieg in den Straßenprofisport legte ich in einer Zeit, in der mir jeder davon abriet. Außer vielleicht mein Freund Willi Bruckbauer, der eigentlich immer meine Ansichten teilt. Nach dem sportlich erfolgreichen, aber ökonomisch und entwicklungstechnisch eher mauen Aufbau meines Mountainbike-Teams schaute ich gierig auf die Königsdisziplin des Radsports. Doch dieses Aushängeschild, der Straßenradsport, das war 2007 ein Sumpf, es war ein Sport, der ständig negative Schlagzeilen produzierte. Ab dem Sommer des vorangegangenen Jahres hatte der Nachrichtenstrom nicht geendet, waren immer neue Namen von Fahrern in die Schlagzeilen gerückt, erweiterte sich der Verdacht gegen Sportler, Ärzte, Betreuer, Teamchefs und eigentlich irgendwann jeden, der mit dem Radsport zu tun hatte. Der Skandal um die spanischen Ärzte Eufemiano Fuentes und José Luis Merino Batres hatte sich im Laufe eines ganzen Jahres zu einem Flächenbrand im Sport ausgeweitet. Nachdem zwei Ermittler der spanischen Guardia civil dem Madrider Gynäkologen und dem befreundeten

Laborchef mit akribischer Ermittlungsarbeit auf die Schliche gekommen waren, hatte die Weltöffentlichkeit erschreckende Details über den Formaufbau bei Profisportlern gelernt. Radsport war gleich Doping, so sah es in jener Zeit aus, so sah das die Öffentlichkeit. Und es gab verdammt gute Gründe, niemandem mehr zu vertrauen.

Doch ich war mir sicher, dass der Radsport überleben würde und dass ich weiter auf ihn setzen sollte. Ich hatte nicht nur langfristig das Ziel, hier etwas Großes aufzubauen, ich wollte sofort die ersten Schritte wagen. Dass ich jemand bin, der gern gegen den Strom schwimmt, machte mir die Sache etwas einfacher. Ich entschied mich also in der absoluten Tiefphase dieser Sportart für den Aufbau eines neuen Teams, das sportlich auf jenes Level zielte, auf dem doch gerade all die Skandale produziert wurden. Ich sah die Krise, ich schüttelte auch den Kopf über all die Dinge, die den Fahrern nachgesagt wurden. Aber ich war mir sicher, dass es eine Zukunft geben würde – und ich war entschlossen, an dieser Zukunft mitzuwirken. Zwar sanken die Quoten bei den Fernsehübertragungen in Deutschland, zwar sprangen Sponsoren ab, und das Umfeld lud nicht gerade zu Investitionen ein. Ich aber sah auch den gesunden Kern des Straßenradsports: die tief verwurzelte Begeisterung vielerorts in Europa, die lange Tradition dieser Disziplin und natürlich die immer weiter wachsenden Absatzzahlen der Fahrradindustrie. Radsport, das war damals festzustellen, war in zwei Sphären auseinandergefallen. Es gab den »Sündenpfuhl« Profigeschäft, und es gab die boomende Welt all derer, die auf dem Rennrad nach Speed, Freiheit und Abenteuern strebten. Das war die Welt, mit der ich jeden Tag als Radhändler zu tun hatte. Und auch diese Welt brauchte, das war immer so und wird immer so bleiben, den Spitzensport als Orientierung. Radsport ist Rennsport, er produziert Mythen und bedeutet Qualen, das wird ihn immer ausmachen, und das macht ihn auch so anfällig für Doping. Aber an sich glaubte ich weiter an die Substanz – und ich sah die Gelegenheit, in Deutschland aus der Krise etwas Neues zu schaffen.

Wer diese Ära miterlebt hat und in jener Zeit auch Kontakte in den Profiradsport hatte, ist sich bewusst, dass der Zweifel sich nicht durch ein paar nette Worte beseitigen lässt. Deshalb ist mir eigentlich auch klar, dass es Leser geben wird, die meinen Worten von vornherein keinen Glauben schenken. Ich habe mich auch während der Überlegungen zu diesem Buch gefragt, ob man sich überhaupt über das Thema Doping äußern sollte. Ist dazu nicht eigentlich alles gesagt? Nein, ist es nicht. Zu diesem Ergebnis gelangten wir recht schnell, als wir den Stoff für diese Zeilen sortierten und berieten, was noch relevant ist, was zu sagen bleibt. Es geht eben nicht anders, es gehört dazu und es ist auch wichtig, selbst wenn sich Worte oft als unwahr herausgestellt haben. Ich stehe für den sauberen Radsport und möchte das auch nach außen vertreten. Deshalb spreche ich hier auch über meine Haltung zum Doping.

Die Ära, in der wir zu unserem Aufstieg ansetzten, ist auch eine Ära des Umbruchs. Es ist die Zeit, als der Radsport-Weltverband die Skandale in den eigenen Reihen nicht mehr ignorieren konnte. Die Connection des mittlerweile verstorbenen UCI-Chefs Hein Verbruggen mit dem gedopten Tour-de-France-Seriensieger Lance Armstrong sind Stoff für einen Wirtschaftskrimi. Die UCI oder Sportverbände allgemein haben nicht gerade eine Geschichte der Transparenz vorzuweisen, das kann man bestimmt so sagen. Aber damals, in der

Folge existenzbedrohender Skandale, erkannte man in der UCI immerhin: Es war später als fünf vor zwölf.

Wenn man mich fragt, ob ich an einen sauberen Radsport glaube, antworte ich: »Ja.« Denn ich sehe, dass sich in der Zeit, in der ich hier aktiv bin, sehr viel verändert hat. Ganz besonders wichtig ist, dass der Sport seit 2008 ein Vorreiter ist bei den Strukturen, die dafür sorgen, dass die Aufdeckungswahrscheinlichkeit steigt. Seit wir in diesem Umfeld unterwegs sind, ist gleichzeitig ein solches System aufgebaut worden – das hatte es in den Jahrzehnten davor nicht gegeben. Gegen das grundsätzliche Misstrauen kann man wenig tun, aber was ich sehe, ist eine Sportart, die ihre Hausaufgaben macht.

Die Einführung des sogenannten »Blutpasses« 2008 war ein Meilenstein für die Sportgeschichte. Der Radsport war die erste Sportart, die selbst ein solches Kontrollsystem einführte. Die Erkenntnisse aus dem Dopingskandal um Eufemiano Fuentes hatten gezeigt, dass einzelne Proben nicht ausreichen, um systematische Hinweise auf Doping zu sammeln. Jetzt ging es darum, unabhängig vom einzelnen Nachweis verbotener Substanzen auch Muster zu erkennen, die auf illegale Manipulation hinweisen. Dafür existieren seither für jeden Profifahrer Parameter, die aus Blut- und Urinproben gewonnen werden. Daraus lässt sich ein Verlauf nachzeichnen, auffällige Sprünge lassen sich erkennen. Als wir ein paar Jahre nach Einführung dieses Systems auch im Profigeschäft angekommen waren, war das System längst installiert. Ich weiß natürlich, was die dafür notwendigen, engmaschigen Dopingkontrollen für die Athleten bedeuten, die dauerhaft über ihre Aufenthaltsorte informieren müssen und die immer und überall damit rechnen müssen, überprüft zu werden. Das fühlt sich mitunter nervig an, aber es ist absolut richtig, notwendig und wird gebraucht, damit unser Sport eine Zukunft behält.

Heute ist Radsport meines Erachtens der Sport mit der höchsten Glaubwürdigkeit, wenn es um Dopingfragen geht. Ich finde, dass nicht nur wir die Krise als Chance genutzt haben, sondern die gesamte Disziplin. Sie hat dieses Kontrollsystem mit Expertenhilfe zwar spät, dann aber konsequent eingeführt. Seit 2011 gilt auch eine »No Needle Policy«, womit Infusionen und andere Injektionen untersagt sind, solange es keine klare medizinische Indikation gibt. Das mag man für selbstverständlich halten, aber früher war es gang und gäbe, dass Profis vor und nach Etappen am Tropf hingen – nicht zum Dopen, sondern zur besseren Versorgung mit Elektrolyten oder zur Erholung nach den Wettkämpfen. Vor solchen Praktiken machen übrigens auch heute noch viele Hobbyfahrer nicht halt.

Ich will nicht behaupten, dass der Radsport seinen Kampf gegen Doping gewonnen hat, und die Sache ist längst nicht perfekt. Wir sind beispielsweise seit 2012 freiwillig Mitglied in der Organisation MPCC (kurz für Mouvement Pour un Cyclisme Crédible, zu Deutsch: Bewegung für einen glaubwürdigen Radsport), die sich mit klaren Worten und eigens auferlegten Verpflichtungen für einen glaubwürdigen Radsport einsetzt. Alle Mitglieder verpflichten sich zur Transparenz, setzen neben den offiziellen Regeln zum Antidoping noch eigene, zusätzliche Bestimmungen um. Ich finde das wichtig, weil ich alles tun würde, um das Vertrauen in unseren Sport zu stärken. Auf der anderen Seite schaue ich mir die Liste der Mitglieder an und finde es bedauernswert, dass schon allein aus der höchsten Liga des Radsports bei Weitem nicht alle Mannschaften Teil des MPCC sind. In der Vergangenheit gab es genügend

Vorgänge, bei denen meine Kollegen in WorldTour-Teams aktiv daran mitgewirkt haben, dass das alte Misstrauen gegen den Sport wieder hochkochte – man erinnere sich nur an die Vorgänge bei Team Sky, als Tour-Sieger Chris Froome mit überhöhten Salbutamol-Werten bei der Vuelta 2017 getestet worden war. Das Team verzichtete auf eine freiwillige Pause, bis die Sache geklärt war, aber wir als MPCC-Team müssten diesen Fahrer aus dem Rennbetrieb nehmen, bis die Angelegenheit geklärt ist. Bis heute bleibt der Vorgang belastend. Sportjuristisch hatte das Team sich nichts zuschulden kommen lassen, aber aus Sicht der Öffentlichkeit bleiben solche Geschichten natürlich immer negativ haften.

* * *

Ich muss viel erklären. Das ist so, wenn man sich im Radsport umtreibt. Gleich bei uns in der Nähe berichtet eines der wichtigsten Medienhäuser Deutschlands seit Langem mit großer investigativer Hingabe über Sportthemen. Die *Süddeutsche Zeitung* beschäftigt eine jener Redaktionen, die akribisch dranbleiben bei Dopern und vermeintlich korrupten Sportfunktionären. Ich finde es gut, dass sie das Thema Doping so sehr in den Blick nehmen – ich fände es allerdings auch schön, wenn man dort alle Sportarten ähnlich kritisch beleuchtete wie den Radsport. Zumindest wäre es schön, wenn nicht nur beim Fußball, sondern beim Radsport auch über die Faszination des Sports berichtet werden würde. Das Thema Doping prägt noch immer die journalistische Vermittlung unseres Sports, was auf die gesamte Medienlandschaft abfärbt, und das wiederum merkt man überall, wo sich Menschen über den Radsport unterhalten. Wir haben ein sehr gutes Verhältnis zur *Süddeutschen,* und ich persönlich habe auch vollstes Verständnis dafür, dass Journalisten beim Radsport hartnäckig bleiben und bissig nachfragen. Es ist ihr Job. Ich habe ein gutes, offenes Verhältnis zu vielen Journalisten und respektiere sie in ihren Fragen, ihrer Haltung. Ich finde es im Umkehrschluss sehr respektabel, wenn sie zuhören, sich Zeit nehmen und meinen Argumenten folgen.

Auch bei der ARD musste ich mich erklären. Das war im Zuge unserer diplomatischen Versuche, die Tour wieder ins Fernsehen und damit den Sport in Deutschland wieder in die Öffentlichkeit zu bekommen. Als Reaktion aus all den Skandalen hatten sich die Öffentlich-Rechtlichen aus dem wichtigsten Ereignis unseres Sports zurückgezogen. Ich sprach wieder und wieder mit Journalisten des Ersten, denen früher Sportler und Sportliche Leiter in die Mikros und ins Gesicht gelogen hatten. Wer sich das vor Augen führt, dass Journalisten solche Lügen letztlich weiterverbreitet haben, ohne selbst etwas dagegen tun zu können, der kann ihnen die kritische Haltung und die Skepsis im Umgang mit uns kaum vorwerfen. Aber ich habe gesehen, dass sich all die Gespräche mit den Medienvertretern gelohnt haben. Es war möglich, im Dialog die Offenheit für unseren Sport zu erhöhen. Heute sendet die ARD wieder Livebilder von der Tour. Dopingberichterstattung gehört dazu wie die Ergebnisse und die Landschaften. Ich akzeptiere das.

Ich erkläre gern, wie es heute läuft. Obwohl ich nicht nach der Bühne suche, ist bei diesem Schattenthema wirklich Offenheit gefragt. Ich erläutere dann etwa, was uns das Antidopingsystem im Radsport wert ist. Wir als einzelnes Team bezahlen pro Saison knapp 200 000 Euro, um unseren Beitrag zum Budget des nötigen Fonds zu leisten. Auch die Fahrer haben sich verpflichtet, einen Teil ihrer Preisgelder abzuführen, um das Testregime und die Infrastruktur für den sauberen Radsport zu finanzieren, ebenso gilt das für die Veranstalter von Rennen. Nicht die moralischen Ansätze sind entscheidend, sondern das Geld. Wenn ich sehe, dass unser Profisport pro Jahr circa acht Millionen Euro zusammenbringt, damit die Fahrer laufend kontrolliert werden und bei Verdacht aus dem Verkehr gezogen werden, finde ich das eine bemerkenswerte Sache. Der Radsport war bereit, diese Mittel selbst aufzubringen – und nicht etwa darauf zu warten, dass öffentliche Mittel für die Kontrollen zur Verfügung stehen. Zum Vergleich: Der kommerziell meilenweit überlegene Fußballsport – der Umsatz lag in der Saison 2020/21 bei über drei Milliarden Euro! – setzt in Deutschland auf eine vor allem öffentlich finanzierte Testinfrastruktur bei der Nationalen Anti Doping Agentur (NADA). Aus meiner Sicht passt das nicht zusammen, aus meiner Sicht sind wir im Radsport deutlich ehrlicher. Ich persönlich sehe auch die 200 000 Euro, die uns dieses System im Jahr kostet, und ich trauere ihnen nicht nach. Klar: Dafür könnte einen weiteren Fahrer verpflichten, aber die Investition in die Basis unseres Geschäfts ist mir wichtiger.

Persönlich fände ich es übrigens gut, wenn im Sport allgemein ein deutlich stärkeres Kontrollsystem Einzug halten würde. Das funktioniert nur, wenn der Kampf gegen Doping genauso zum Sport gezählt wird wie der Verkauf von Trikots oder der Starkult um einzelne Athleten. Daher halte ich es für geboten, dass Sponsoren in olympischen Sportarten dazu verpflichtet werden, einen kleinen fixen Obolus ihrer Marketingausgaben für den jeweiligen Partner direkt an einen Antidopingfonds zu entrichten. Eine solche Verknüpfung von finanziellem Erfolg und Aufklärungsarbeit im Kampf gegen Manipulation wäre notwendig und dauerhaft gut, um uns vor neuen Skandalen zu schützen – egal ob nun im Radsport, beim Fußball oder beim Skilanglauf.

* * *

Ich musste und muss aber auch den Fahrern viel erklären. Ich habe in der deutschen Radsportöffentlichkeit eine Position, die für Neuanfang steht. Das liegt natürlich daran, dass ich die Lücke füllte, die mit dem Ende von T-Mobile und dem Niedergang der Teams Gerolsteiner, Milram und Wiesenhof immer größer wurde. Ich warb für den Eliteradsport, als die Sponsoren die Flucht antraten.

Mir ist es dabei wichtig, nicht alles zu verteufeln. Wenn ich an die Fahrer vergangener Generationen denke, an jene Namen auf den Dopinglisten der Nullerjahre, dann stelle ich mir ganz oft auch die Frage: War das jetzt ein Täter oder war es doch ein Opfer? In vielen Fällen ist das nicht so ganz einfach zu sagen, aber beides ist schon auch relevant. Man stelle sich einen jungen Mann von Anfang zwanzig vor, der sieht, wie die anderen immer besser werden, und dessen berufliche Karriere in Gefahr gerät. Der Griff nach einem verbotenen Mittel ist vielleicht in manchen Momenten ein vergleichsweise kleiner Schritt, wenn man dagegenstellt, welche Interessen auf solch einen jungen Menschen einprasseln. Das ist ja nicht nur der eigene Wunsch nach Geld und Ruhm, sondern das ist immer auch der Erfolgsdruck der Teams, der Sportlichen Leiter, der Sponsoren und vieler anderer. Es braucht einen gefestigten Charakter, um überhaupt zu erkennen, wann man Täter ist, wann Opfer – und wie man sich entscheiden sollte, um in keine dieser beiden Rollen zu rutschen.

Ich nehme das ebenso wie meine leitenden Mitarbeiter heute besonders wichtig: Wir wollen den jungen Fahrern helfen, ihrer sauberen Linie treu zu bleiben. Das heißt gerade bei ehrgeizigen jungen Männern: Man muss ihnen die Schattenseiten klarmachen, die bei Manipulation drohen. Ihnen muss ich klarmachen, dass eine persönliche Krise durch einen Dopingfall für sie eben keine Chance bedeuten würde, sondern ziemlich sicher das Aus. Da ist klare Ansage gefragt, da laviere ich nicht herum. Ich bin beispielsweise mit den Eltern von Stephan Denifl gut bekannt, die in Tirol leben. Von uns in Raubling ist es ja eigentlich keine Grenze zu Tirol spürbar, man ist häufig da. Denifl war ein gefeierter junger Mann, er war Radsportstar und siegte sogar bei der Österreich-Rundfahrt. Doch dann war er plötzlich in den Schlagzeilen. 2019 flog bei der Nordischen Ski-WM ein Dopingzirkel auf, den ein Erfurter Arzt betrieben hatte – und auch Denifl war in den Jahren davor sein Kunde gewesen. Was ich den jungen Fahrern über diesen Fall sage: Denifl kann sich heute in seiner Tiroler Heimat, im Tal seiner Eltern kaum noch sehen lassen, zumindest nicht ohne den Argwohn der Menschen dort über sich ergehen lassen zu müssen. Wer als Doper in den Medien überführt ist, der hat ein hartes Leben. Das ist nicht so einfach hinzunehmen, das zerstört ganze Lebensläufe. Ich sage das immer und immer wieder, weil es mir wichtig ist für die Zukunft dieser jungen Menschen. Denn gerade die jungen Männer, die nach oben streben, die ehrgeizig sind und nur wenig Zeit haben für ihre Karriere, die haben sehr oft nicht den Blick für das große Ganze. Ich versuche, ihnen die Augen zu öffnen.

So gehören für mich und die Sportlichen Leiter immer auch Fragen zum Doping zu den Bewerbungsgesprächen. Wir müssen während der Verhandlungen sicher sein, dass die Sportler charakterlich zu uns passen. Ich merke aber auch, dass sich die Mentalität im Radsport wirklich massiv geändert hat. Wenn ich mich erinnere, wie das Umfeld vor zwei Jahrzehnten war – und wenn ich dann an die Gespräche mit den jungen Athleten heute denke –, dann halte ich all die Berichte über eine »neue Generation von Radfahrern« für absolut glaubwürdig. Die jungen Leute haben verstanden, dass sie unter Kontrolle stehen, sie haben aber auch verstanden, dass sie mit ihren Körpern nicht alles machen sollten. Sie legen eher ein Misstrauen gegen Behandlungen an den Tag. Ich bekomme häufig mit, dass eine gewisse Sorge vor körperlichen Schäden vorherrscht, wenn von Doping die Rede ist. Da ist eben nicht nur die Angst um die öffentliche Wahrnehmung, sondern ganz sicher auch die berechtigte Furcht vor körperlichen Reaktionen oder Spätfolgen von Medikamenten, die man nehmen könnte, obwohl man sie nicht braucht.

* * *

Als ich anfing mit dem Aufbau des Teams, als wir in den Profisport eintraten, gab es eine spannungsreiche Konstellation. Da waren, nicht nur vereinzelt, sondern geballt, die Namen jener Sportler im Peloton, die für Negativschlagzeilen gesorgt und mitunter auch ihre mehrjährigen Sperren kassiert hatten. Auf der anderen Seite wuchs, gerade in Deutschland und auch Frankreich stark unter dem Blick der Öffentlichkeit, eine andere Generation aus dem Nachwuchs heran. Unvergessen ist, wie die großen Nachwuchsstars aus unserem Land – Marcel Kittel, John Degenkolb und Tony Martin – in der *BILD*-Zeitung einen Antidoping-Schwur leisteten. Das war die extremste Form der Flucht nach vorn, so ein Zeichen zu setzen: Seht her, wir trauen uns auf die Bühne des Boulevard und leisten einen Eid, dessen Bruch man uns im Zweifelsfall nie verzeihen würde. Andere Radsportler wie André Greipel bauten sich Karrieren auf, ohne jemals in Verbindung mit Dopingbetrug zu kommen. Gleichzeitig wurden sie aber immer mit diesem Thema konfrontiert, mussten Haltung zeigen und die Leistungen anderer Fahrer bewerten. Ein Peloton unter Generalverdacht, das zieht sich bis heute.

Auf der anderen Seite waren da immer noch die Fahrer, die einen ganz anderen Weg wählten. Mein ehemaliger Teamkollege Andreas Klöden etwa, der nicht nur einmal in die Nähe des Dopings gerückt wurde. Er wählte den Weg des Stillhaltens, seine Sache. Klöden war der Edelhelfer von Jan Ullrich, Klöden war geschätzter Mitarbeiter von Lance Armstrong. Klöden sagte mal, er habe nichts zu gestehen, und dann sagte er eigentlich nie mehr etwas zu dem Thema und fast gar nichts mehr in der Öffentlichkeit. »Das Zeug«, nannte Klöden die Dopinggeschichten um Fuentes und seinen Freund Jan Ullrich, die ja im Nachhinein alle als bittere Wahrheit belegt wurden.

Und dann gibt es natürlich jene wie Alejandro Valverde. Klar, er ist ein großartiger Radsportler, ein Kämpfer, ein Musterathlet – und einer der wenigen, die im Winter nur ein Kilo zunahmen, während die meisten da deutlich mehr an Speck anlegen. Aber ich fand es schon auch befremdlich, als sich Valverde 2018 bei uns in der Nähe, in Innsbruck, den Weltmeistertitel sicherte. War er nicht auch einer der Stammkunden von Fuentes gewesen, mit Epo- und Eigenblutdoping, ohne öffentliche Reue und ohne den Versuch, die Sache für ein klares Statement zum sauberen Sport in all den Jahren danach umzudeuten?

Schon in unserer Gründungszeit war es mir wichtig, dass die Sportler, die zu uns kommen, keine solche Vita mitbringen. Wir wollten keine Sportler haben, die intransparent waren, die nicht zu ihrem Verhalten standen. Und deshalb habe ich auch nie die Idee verfolgt, im Zuge unseres Aufstiegs in die oberste Liga auf einen der Athleten zurückzugreifen, die ganz oben standen – die aber mit Dopingschlagzeilen in Verbindung standen. Es gibt natürlich keine Argumente dagegen, dass Dopingtäter nach einer Sperre wieder im Peloton mitfahren – siehe Valverde –, oder dass jemand, gegen den nicht mehr ermittelt wird, seinen Job weiter macht. Aber ich persönlich möchte so viel Abstand wie nur möglich zu solchen Akteuren haben.

Dennoch kam auch unser Team damit in Berührung, und wenn es so weit ist, wird es kompliziert. Es geht um Vertrauen, um gewachsene Verbindungen zwischen Menschen, es geht um wirtschaftliche Existenzen. Als 2013 der Anruf von unserem Sponsor NetApp kam, musste ich mich entscheiden: Loyalität zum Geldgeber – oder Treue zu jemandem, mit dem ich in den vergangenen Jahren schon eine Menge aufgebaut hatte.

Es war Ende Juli, die Tour de France hatten wir ja anders als erhofft in diesem dritten Profijahr noch nicht erlebt. Aber Nachrichten aus Frankreich rüttelten uns dennoch auf. Ich war mit unserem Sportlichen Leiter Jens Heppner in Polen unterwegs, wo die Landesrundfahrt anstand – für uns eine der wichtigeren Veranstaltungen jener Saison. Aus Frankreich kam die Kunde, dass »Heppe« des Dopings überführt worden war. Es traf mich wie ein Schlag. Jens, mit dem ich bisher sehr vertrauensvoll zusammenarbeitete, hatte sich all die Jahre davon distanziert, mit dem Manipulationssystem beim Team Telekom und später T-Mobile etwas zu tun gehabt zu haben. Natürlich stand auch sein Name immer weit oben auf der Liste der Verdächtigen. Heppner war als Talent im DDR-Leistungssportsystem zu Erfolgen gekommen, zehnmal war er die Tour de France gefahren, 1992 hatte er sie sogar als Zehntplatzierter beendet. Er war auch Teil des zugkräftigen Teams, das die Tour-Siege von Bjarne Riis 1996 und Jan Ullrich 1997 vorbereitete. Er hatte also mittendrin gesteckt in jener Maschinerie, die den Radsport in Deutschland für Millionen zum sommerlichen Hingucker machte. Doch während seine ehemaligen Teamkameraden nacheinander entweder Doping gestanden oder durch Ermittlungen überführt wurden, schwieg Heppner und stritt alles ab. Als Sportlicher Leiter fand er dann bei Team Wiesenhof einen Platz. Als wir 2010 in den Profisport einstiegen, war er die erste Wahl – er hatte Erfahrung in diesem Geschäft, da gab es nicht viele, und er machte seinen Job wirklich gut.

Doch dann, Ende Juli 2013, stellte sich heraus, dass Heppners Vergangenheit uns in eine Krise schubste. Denn die französische Sportzeitung *L'Équipe* wusste zu berichten, dass Jens nun doch des Epo-Dopings überführt worden war. Jens wollte die Sache nicht wahrhaben, ich versuchte, die Fakten zu verstehen. Am 24. Juli hatte eine Untersuchungskommission des französischen Senats ein Papier veröffentlicht, wonach Jens Heppner 1998 während der Tour de France gedopt hatte. Die Untersuchung war auf politische Initiative hin erfolgt und hatte keine sportrechtliche Bedeutung, vielmehr ging es darum, wissenschaftlich den Nachweis von Epo-Doping in alten Proben zu führen. Da die Verjährungsfrist abgelaufen war, existierte keine B-Probe mehr – aber darum ging es den Machern der Untersuchung nicht. Sie wollten niemanden sperren lassen, sondern zeigen, was mittels analytischer Messmethoden auch rückwirkend machbar ist. Das ist übrigens ein wichtiges Drohszenario für nachwachsende Generationen.

Heppner sagte weiterhin nichts Neues zur Sache, denn ohne B-Probe lag aus seiner Sicht kein Beweis vor. Er bestritt, dass die A-Probe aussagekräftig sei. Ich stand zum ersten Mal in meinem Leben vor einer solchen Situation. Jens war mir zum wichtigen Mitarbeiter geworden, ich hatte ihm bis hierhin vertraut, wir hatten zusammen schon viel erreicht. Und jetzt stand sein Name da als Name eines überführten, aber nicht geständigen Dopers. Und der Sponsor war am Telefon, zwei Tage vor der Rundfahrt durch Polen, und sagte mir eindeutig: Entweder Heppner oder wir.

Ich habe damals nicht sofort reagieren können. Öffentlich kam rüber, dass ich Jens den Rücken stärkte. Das Erste, was ich tat: Ich stellte öffentlich klar, dass ein Delikt aus der Vergangenheit nichts mit unserer Praxis als Team zu tun hatte. Mir war allerdings auch schon zu jenem Zeitpunkt bewusst, dass es nur eine Möglichkeit gab: den harten Cut. Nur war die Frage, wie wir es vermitteln. Jens sah sich auch nicht genötigt, etwas zu tun, um die Sache aufzuklären - ich finde, dass das sein Fehler war. Er ist dieser Linie allerdings treu geblieben, bis heute bleibt er dabei, dass er nicht gedopt habe. Ich kann es nicht verstehen, denn die Fakten besagen ja etwas anderes. Damals musste ich mit ihm diskutieren, mir arbeitsrechtlich helfen lassen, die Sache lösen. Denn die Kündigung des Sportlichen Leiters braucht einen triftigen Grund, und de jure hatte Jens

Heppner keine sportrechtliche Verurteilung wegen Dopings erfahren. Das heißt: Ich konnte ihn nicht einfach so rauswerfen, denn es fehlten dafür die Aussagekraft der B-Probe und ein Urteil der zuständigen Instanz in unserem Sport. So musste ich hinter den Kulissen an einer Lösung arbeiten, mit Jens Heppner zusammen, damit wir uns nicht vor dem Arbeitsgericht wiedersahen. Fünf Tage dauerte es, dann konnten wir das Ende für Heppner als Sportdirektor bei NetApp-Endura vermelden. Womöglich wäre unser Sponsor anders mit der Sache umgegangen, wenn Jens selbst eine offene Haltung gezeigt hätte. Es war ein bitterer Fall, denn das persönliche Vertrauen war aufgebraucht – dabei hatten wir so vertrauensvoll zusammengearbeitet, und er hat viel für mich erreicht. Es gab gute Gründe für ein Ende der Zusammenarbeit. Aber andererseits ist das natürlich allein seine Entscheidung, und ich respektiere seine Haltung.

* * *

Auf eine größere Krise hatte ich mich Ende 2021 vorbereitet. Wir bereiteten uns auf eine Saison vor, die für uns als Neustart dienen sollte. 2022 war das Jahr nach der Ära Sagan, das Jahr der neuen Weichenstellungen. Und wen präsentierte ich als unseren neuen Sportdirektor? Jemanden, der ganz tief in der düstersten Ära des Dopings im deutschen Radsport mitgewirkt hatte. Ich war mir sicher, dass es knallen würde. Aber ich war mir auch sicher, dass wir den richtigen Mann geholt hatten.

Rolf Aldag hat mich beeindruckt, als ich ihn noch gar nicht persönlich kannte. Der knorrige, groß gewachsene Westfale ist bekannt als jemand, der Tacheles redet. Es gibt ein Datum, an dem Rolf sich auszeichnete, an dem alle deutschen Nachrichtenmedien seine Worte zitierten. Der 24. Mai 2007 war ein Tag, der für die deutsche Sportgeschichte sehr bedeutsam wurde. Es war der Vormittag der großen Geständnisse. In der Konzernzentrale von T-Mobile in der Landgrafenstraße in Bonn-Beuel war der große Saal gerammelt voll mit Journalisten. Sie erwarteten spektakuläre Bekenntnisse aus dem Profiteam, das mehr als ein Jahrzehnt zur Weltspitze gehört hatte. Teamsprecher Christian Frommert hatte den Geschäftsführer Bob Stapleton neben sich sitzen, der Ex-Profi und Sportdirektor Aldag saß da und – zur öffentlichen Überraschung – auch der noch aktive Sprinterstar Erik Zabel, der gerade von einem Rennen zurückgekehrt und eilig zu diesem Termin angereist war.

Die Pressekonferenz ist legendär. Über Erik Zabels tränenreiches Geständnis, das sich später nicht als ganze Wahrheit herausstellte, möchte ich mich nicht äußern. Aber Rolf Aldag zeigte an jenem Tag, was ein umfassendes Schuldeingeständnis ist. Rolf, der noch Anfang des Jahres Doping als Fahrer kategorisch ausgeschlossen hatte, überführte sich selbst als Schuldigen, als Lügner, als Doper. Rolf Aldag nutzte die Bühne und sprach jetzt Klartext: Er sei immer dabei gewesen bei den Manipulationen und er habe all die Mittel genommen, über die so lange schon geredet wurde. So ein Statement und die Bereitschaft, danach alle Fragen zu beantworten, das kostet Kraft. Rolf hat eine Frau, er hat Kinder, er hat ein soziales Umfeld und er ist ein öffentlicher Mensch. Die Worte, die Rolf auf der Pressekonferenz im Mai 2007 gesprochen hat, haben seine Wahrnehmung für immer verändert. Aber sie haben mich beeindruckt. Für mich ist Rolf jemand, dem man die Zukunft anvertrauen kann.

Ich war trotzdem darauf vorbereitet, dass wir im Herbst 2021 hart kritisiert würden, als ich den Namen unsers neuen Sportdirektors bekannt gab. Ein alter Doper führt das saubere deutsche Team in die ehrgeizige Zukunft, das ist Einladung für eine reißerische Story. Doch dann war ich wirklich überrascht. Wir hatten die Sponsoren darauf eingestellt, dass es Gegenwind geben könnte, sie hatten aber auch die Personalie mitgetragen, weil sie von Rolf als Manager überzeugt waren. Ich hatte bei BORA und bei hansgrohe vor üblen Schlagzeilen gewarnt, vor ein paar Tagen Shitstorm. Und persönlich habe ich damit gerechnet, dass man mich, den vermeintlichen Saubermann, jetzt öffentlich zerreißen würde. Der Dopinggegner holt den Sünder. Doch all das passierte nicht. Es gab eine differenzierte, faire Berichterstattung. Und ich lernte etwas dazu: Rolf hatte seine große Krise als Chance genutzt, damals im Jahr 2007, und hatte sich eine Zukunft in diesem Sport gesichert. Er hatte erklärt, was er getan hatte, und so hatte er gezeigt, was Wahrheit ist und Haltung. Mit einem solchen Charakter können wir guten Gewissens in die Zukunft gehen.

* * *

Ein einziges Mal hatte ich bislang mir einen positiven Dopingbefund bei einem Fahrer in unserem Team zu tun. Auf so etwas war ich nicht gefasst und nicht vorbereitet. Ich kann sagen, dass es in solch einer Situation ziemlich schwierig wird, während von außen betrachtet alles klar zu sein scheint.

Erst 2017 kam der Fall während der Tour de France an die Öffentlichkeit, und auch hier bin ich überrascht gewesen, dass man uns medial fair behandelt hat. Vielleicht liegt es daran, dass wir uns vorher so viel Mühe gegeben haben, unseren Kurs zu erklären. Jedenfalls hätte man mir auch leicht vorwerfen können, dass ich eben nicht so transparent war, ich wie gern behaupte - wenn man es böse mit uns gemeint hätte. Während der Tour 2017, Peter Sagan war gerade disqualifiziert worden, unser Klassementfahrer Rafal Majka seiner Chancen nach einem Sturz beraubt, kam dann noch das Dopingthema auf. Ein Fahrer, der gar nicht mehr unserem Team angehörte, war im Jahr davor positiv auf eine verbotene Substanz getestet worden. Jetzt musste ich mich erklären.

Bereits im März 2016 hatte mich Ralf Matzka in heller Aufregung angerufen. Ralf war seit 2013, also seit dem Einstieg von Endura, Teil meiner Mannschaft. Damals im März meldete Ralf mir, dass die Dopingtester im UCI-Labor in Lausanne bei ihm die Substanz Tamoxifen im Urin gefunden hatten, ein Mittel gegen Brustkrebs, das aber auch von Dopern für verschiedene Zwecke eingesetzt wird. Sie kaschieren damit andere Substanzen oder kurbeln sogar den Testosteronhaushalt an, um Muskelwachstum zu beschleunigen.

Dass der Fall erst sechzehn Monate später öffentlich wurde, kann ich bis heute gut vertreten. Wir nahmen Ralf 2016 aus dem Geschehen, er hatte sowieso in jenem Jahr gesundheitliche Probleme. Er sollte sich auf seinen Fall konzentrieren, und ich versuchte, eine Position einzunehmen. Ralf bestand darauf, dass die Substanz nur ungewollt in seinem Körper gelandet sein konnte. Ich hörte ihm zu. Er wirkte geschockt, ich hatte das Gefühl, er war ernsthaft überrascht. Als Teamchef habe ich eine Loyalitätspflicht, ich muss mich zunächst hinter meine Mitarbeiter stellen und sie schützen. Das tat ich, denn ich hatte Ralf so verstanden, dass er ein verunreinigtes Nahrungsmittel gegessen oder getrunken haben musste. Das hört man häufiger, in der Presse sind dies häufig die Geschichten, über die hergezogen wird und die das Publikum spöttisch diskutiert. Doch bei Ralf gab es in der Tat Grund zur Besorgnis: Er hatte gelesen, dass in Frankreich dieses Medikament bei einer Untersuchung in Mineralwasser gefunden worden war. Ralf hatte mit uns im Frühjahr 2016 einen Aufenthalt in Belgien, dort hatten wir uns auch mit französischem Wasser versorgt, diese Version schien mir zumindest nicht unglaubwürdig. Also stellte ich mich insofern hinter Ralf, dass ich ihm die Chance gab, seine Version sportrechtlich zu vertreten. Während der Tour 2017 kam das Thema dann in die Öffentlichkeit – und es dauerte sogar noch ein halbes Jahr länger, bis der zuständige UCI-Richter ein Urteil fällte. Es war ein hochdiffiziler Indizienprozess, in dem Ralf zwar gute Argumente für eine Verunreinigung fand. Der Richter allerdings belegte Ralf Matzka nach komplizierter Abwägung mit einer Sperre – es war ein Urteil, das auch darauf hindeutete, dass man nicht von Vorsatz ausging – und kam »zu dem Schluss, dass der Fahrer nicht mit an Sicherheit grenzender Wahrscheinlichkeit nachgewiesen hat, wie Tamoxifen in seinen Körper gelangt ist«, so der Wortlaut aus dem Urteil.

Es war ein schwammiger Beschluss in einer sehr schwierigen Sache. Aber ich bin froh, dass sie unserem Team nicht geschadet hat.

* * *

Ich habe die systemische Krise des Radsports, verursacht durch Doping, als Chance gesehen. Wenn die Kurse niedrig sind, muss man einsteigen. Es ist auch gut, aus Krisen zu lernen, ehrlich zu sein. Ich vertraue heute meinem Team, dass wir die Performance sowohl bei den Rädern als auch bei den Fahrern mit sauberen Mitteln erreichen. Wenn die Rede ist von Mikromanipulationen, vom Herantasten an das Gerade-noch-Erlaubte, dann wird es mir mulmig. In der Branche wird ja immer wieder darüber spekuliert, dass manche Teams womöglich Methoden anwenden, die irgendwo zwischen gerade noch legal und Doping zu verorten sind. Wenn ich das Gefühl hätte, dass wir nur dann Chancen im Wettbewerb haben, wenn wir manipulieren, würde ich sofort aufhören. Wenn wir dopen müssten, wenn wir uns an Grenzen heranwagen müssten, um eine Chance zu haben – dann hätte ich absolut keinen Bock mehr. Es geht für mich auch gar nicht um die Grenzwerte, sondern um die Haltung. Entscheidend ist die Moral, die ich vertrete, die ich weitergebe und mit der ich leben kann. Diese Moral verlange ich auch von anderen. Aus dem großen Tief unseres Sports habe ich gelernt, dass man sich mit den Schattenseiten befassen muss. Wenn etwas auffällig ist, frage ich nach. Das gilt für junge Talente, die aus unklarem Hintergrund kommen, das gilt für die Sportliche Leitung. Ich halte es für die große Chance unseres Sports, ein Vorreiter in Sachen Integrität zu sein.

Als die Branche in ihrer tiefsten Krise steckt, entscheidet sich Ralph Denk für den Einstieg. Er sieht in den negativen Schlagzeilen und dem öffentlichen Vertrauensverlust in den Radsport große Chancen. Denn er erkennt, dass hinter den Kulissen an den Strukturen gearbeitet wird – und dass sich mit neuen Mechanismen ein glaubwürdiger Sport schaffen lässt. So vertritt Denk selbstbewusst, aber mit klarer Haltung zur illegalen Manipulation einen Kurs, mit dem er sich zugleich jederzeit angreifbar macht. Denn nicht nur Akteure in anderen Teams haben weiterhin Probleme mit der Glaubwürdigkeit, auch in seinem eigenen Team gibt es Dopingschlagzeilen. Hier muss der Manager eine Haltung vertreten, sich im Einzelfall zwischen verschiedenen Interessen und für sein Gewissen entscheiden, um den Aufbau und seine Ziele nicht zu gefährden. Denk ist überzeugt, dass ein transparenter Ansatz auch dafür sorgt, dass ihm die Medien in kritischen Phasen Fairness entgegenbringen.

Kapitel 7
Triumph am Abgrund

Die Tränen, die Tiago Machado aus den Augen quellen, gehören zu den stärksten Eindrücken unserer ersten Teilnahme beim wichtigsten Radrennen der Welt. Unsere erste Tour-Teilnahme, im Sommer 2014, bedeutete für uns den Höhepunkt in einer rasanten Entwicklung, die vier Jahre zuvor mit einem improvisierten Drittligaaufgebot auf Mallorca und im folgenden Frühling bei kleinen Rennen in Frankreich und Belgien in den Profisport gestartet war. Tiago Machado kommt aus dem Wagen für die medizinische Nachversorgung, wir befinden uns in den Vogesen, es ist früher Abend, und unser portugiesischer Fahrer erntet Applaus, als er die Treppen aus dem Container heruntergeht. Die Leute aus unserem Team stehen da und nehmen Tiago in Empfang, sie feiern ihn für seine heldenhafte Leistung – und als das portugiesische Fernsehen seine Worte und Reaktionen auf das an diesem Tag Durchgemachte einsammelt, überkommen Tiago die Gefühle. Erst kämpft er beim Reden noch mit den Tränen, dann rollen sie ungehindert über seine Wangen. Er ist unser Held an diesem Tag, er hat sich überwunden, durchgekämpft und einen brutalen Rückschlag würdevoll überwunden.

Es ist der französische Nationalfeiertag, der 14. Juli 2014, und man muss sich vorstellen, wie gewaltig die Kontraste an einem solchen Tag irgendwo in Frankreich sein können. Noch am Morgen war Tiago voller Optimismus ins Rennen gestartet. Kein Wunder, denn am Tag davor hatte er sich als Teil einer großen Fluchtgruppe nicht nur mit großem Vorsprung ins Ziel gerettet, sondern einen gewaltigen Sprung im Gesamtklassement der Tour gemacht. Als wir im Auto dahinter das Rennen beobachteten, rechneten wir natürlich, wie man es so macht. Tiago hatte bis dahin eine solide Platzierung im Rennen, doch als Teil der überaus schlagkräftigen, etwa zwanzig Mann starken Verfolgergruppe mit Fahrern wie Fabian Cancellara, Greg Van Avermaet, Tom Dumoulin oder Tony Gallopin hielt er mit hohem Einsatz auf das Ziel in Mulhouse zu. Es war klar, dass er an diesem Tag nicht um den Etappensieg mitfuhr, denn vorneweg hatte sich »Panzerwagen« Tony Martin auf und davon gemacht, er holte sich einen überragenden Soloerfolg. Doch dahinter fuhr diese Gruppe – und darunter einige Fahrer, die sich Hoffnungen darauf machen konnten, im Klassement ordentlich nach vorn zu fahren. Der Franzose Tony Gallopin war es dann, bei dem die Kalkulation optimal aufging, weil er mit der Gruppe genug Abstand vor dem Hauptfeld herausfuhr und am Abend das Gelbe Trikot von Vincenzo Nibali übernahm. Klar, Gallopin konnten die Favoriten auf den Gesamtsieg gewähren lassen, von ihm ging wenig Gefahr für ihr Gesamtprojekt Tour de France 2014 aus. Wir aber saßen im Auto ganz weit dahinter und erkannten die Situation: Wenn Tiago in dieser Gruppe durchkommt, dann kann er schon einen ordentlichen Sprung nach vorn machen. Es ist nicht schlecht, wenn man im Radsport etwas rechnen kann, das hatte ich in der Schule ja auch ernst genommen. Dennoch können die Ergebnisse dieser Rechnerei einen dann schon manchmal überraschen. Als Tiago Machado am Abend des 13. Juli tatsächlich auf dem virtuellen Podium der Tour de France stand, auf Platz drei hinter Gallopin und Topfavorit Nibali, waren wir überwältigt. Es war Stolz auf Tiago, auf unser Team, auf uns alle, die wir unsere erste Tour de France bestritten. Es war dieser Höhepunkt, der sich am kommenden Tag umso mehr ins Gegenteil verkehren sollte.

Die Etappe des 14. Juli 2014 war als erster Schlagabtausch der Topfavoriten am Berg vorgesehen, es ging wie so häufig über die durchaus kräftezehrenden Anstiege in den Vogesen, das Ziel an der Planche des Belles Filles gehört zu den klassischen Bergankünften bei der Frankreich-Rundfahrt. Wer dort oben eine Topposition im Gesamtklassement über den Zielstrich rettet, gehört normalerweise zum Kreis der Favoriten. Tiago, der am Tag zuvor noch auf dem Treppchen gestanden hatte, kämpfte sich mit Verbänden an Arm und Bein zusammen mit seinem Teamkollegen Andreas Schillinger ganz am Ende des Rennens über die Linie. Eine Dreiviertelstunde hatte Tiago auf den Tagessieger Vincenzo Nibali eingebüßt, der an diesem Montag als Solosieger hoch oben über dem Osten Frankreichs das Gelbe Trikot zurückeroberte und es später auch als Triumphator in Paris bis zum Schluss verteidigen würde. Nibalis großer Konkurrent, der Spanier Alberto Contador, war nach einem Sturz auf der Abfahrt vom Petit Ballon ausgestiegen. Er hatte zwar versucht, noch mal heranzufahren, doch dann ging es für Alberto nicht weiter.

Zu diesem Zeitpunkt war Tiago Machado bereits abgeschlagen, aber immerhin wieder auf dem Sattel unterwegs. Unser

Portugiese, den wir als erfahrenen Mann vom deutlich höherrangigen Team Radioshack für die Saison verpflichtet hatten, war bergab gestürzt. Wie schlimm dieser Sturz war, konnten wir natürlich zunächst nicht ahnen. Über den Funk im Auto kommt da erst einmal die rein sachliche Information. »Chute«, die Startnummer, das Team. Mehr erfährt man hier nicht. Im Fernsehen konnte man später auch nicht viel mehr erkennen, wohl aber, dass Tiagos Fahrrad in einer waldigen Abfahrt links auf dem Asphalt auf dem Boden liegt, während er nicht zu sehen ist. Später stellte sich heraus, dass der Portugiese hinter seinem Landsmann Sérgio Paulinho in der zweiten Abfahrt des Tages die Spur gesucht hatte. Tiago berichtete, wie er seinem Freund vom Team Saxo nachfuhr und dann in einem Schlagloch die Kontrolle über das Rad verlor. Er muss viele Meter weit über den Asphalt geschlittert sein, wobei er sich schmerzhafte Schürfwunden am ganzen Körper zuzog.

Eigentlich war die Tour damit für Tiago abgehakt. Er saß viele Minuten lang im Rennambulanzwagen, die Betreuer verstanden seine Ansage, sie packten Tiagos Rad ein, die Sachen, die er im Trikot hatte, sein Funkgerät. Doch dann geschah eine Wende, die zu dem passt, was uns in diesem Jahr insgesamt wiederfuhr – und die auch zeigt, welchen Charakter wir damals schon in dieser immer noch jungen Mannschaft hatten. Tiago stieg wieder aus dem Krankenwagen und teilte unserem Sportlichen Leiter mit, dass es doch weitergehen könne. Er hatte Bandagen an den Gliedmaßen, und vom Rennen, dessen Teil er eben noch gewesen war, war nun nichts mehr zu sehen. Enrico Poitschke, der unsere erste Tour-de-France-Expedition damals leitete, nahm Tiagos Entschluss überrascht entgegen. Er muss sich gefreut haben, zugleich aber war es eine beinahe unmöglich zu bestehende Prüfung. Vorne drückte Vincenzo Nibali im Rennen auf das Tempo, hinten stieg Machado, immerhin unser Bestplatzierter und ein paar Wochen vorher sogar Sieger bei der Vorbereitungsrundfahrt in Slowenien, wieder aufs Rad. Ganz allein würde er es auf keinen Fall schaffen, das Ziel im Zeitlimit zu erreichen. Wer die Karenzzeit verfehlt, fliegt nicht nur aus der Tageswertung, sondern aus der Tour. Enrico stellte Andreas Schillinger ab, unser Urgestein begleitete seinen portugiesischen Teamkollegen auf etwa hundert einsamen Kilometern durch die sportlich anspruchsvollen Vogesen. Sie schafften es zwar bis ins Ziel oben auf dem Berg, allerdings verfehlten sie das Zeitlimit. Doch es gab eine glückliche Fügung: Die Rennjury war beeindruckt vom Kampf, den unsere Jungs an diesem Tag gezeigt hatten. Die Juroren hatten die Verfügungsmacht und nutzten sie, indem sie die Zielzeit von Andreas und Tiago nicht als Ausschlusskriterium werteten. Natürlich kostete dieser Sturz, dieser Rückstand Tiago alle Chancen auf eine ordentliche Klassementplatzierung. Am nächsten Tag stand der erste Ruhetag an, er würde eine Chance haben, sich von den schlimmsten Sturzfolgen zumindest ein wenig zu erholen. Und so blieb Tiago bis zum Ende im Rennen und lieferte eine für unser Team unvergessliche Leistung aus einer misslichen Lage.

* * *

Dieses dramatische sportliche Ereignis untermalt perfekt, was sich insgesamt zutrug in unserem Projekt – ohne dass unsere Fahrer davon wirklich etwas mitbekommen hätten. Man kann es so sagen: Als wir den ersten Ruhetag bei der Tour de France erlebten, hatte gerade ich einen enormen Ritt hinter mich gebracht. Das Projekt, nun auf seinem absoluten Höhepunkt angekommen, hatte kurz vor dem Aus gestanden. Ich wusste das seit Langem, aber ich hielt still. Und jetzt, am 15. Juli 2014, war ich froh, dass es doch noch mal weiterging.

Die Tour de France 2014 war so etwas wie ein Triumphzug am Abgrund für mich. Ich hatte den Mund in der Vergangenheit ja ganz schön voll genommen. Ein Jahr davor im nordspanischen Vigo, als Jim McFarlane mich anschrie, da war klar, wie groß die Enttäuschung sein kann, wenn man Partnern zu viel verspricht. Das hatte mich aber nicht davon abgehalten, im Herbst bei der ersten Zusammenkunft des Teams für die Saison 2014 wiederum große Ziele auszugeben. Für mich war die Sache stimmig und daher auch nicht zu bezweifeln: 2010 hatten wir ganz unten angefangen, 2011 standen wir schon bei der Tour de Suisse und dem größten aller Klassiker, Paris-Roubaix, am Start. 2012 lud uns der Organisator des Giro d'Italia nach Italien ein, was für viele Schlagzeilen sorgte – auch für viel Gegenwind, weil man in uns keinen standesgemäßen Teilnehmer sah. 2013 waren wir zwar nicht beim Grand Boucle, aber dann eben doch bei der anderen Dreiwochenrundfahrt, der Vuelta. Die Geschichte war so dynamisch und meine Überzeugung so groß, dass ich kein Problem hatte, ihre Fortschreibung vorwegzunehmen. »Wir fahren nächstes Jahr die Tour«, sagte ich meinen Jungs, und für die allermeisten war das genauso ein Traumziel wie für mich selbst. Auch in der Öffentlichkeit setzte ich nach. Anfang Januar brachte ich das Thema in die Presse. Wir zielten auf Frankreich. Nachdem die Organisatoren im Jahr zuvor die sogenannten Wildcards, also die Einladungen an Teams unterer Klassen, ausschließlich an

Mannschaften im Inland verschickt hatten, sah ich uns jetzt an der Reihe. 2013 hatte es noch eine überzeugende Erklärung gegeben. Zum 100. Geburtstag der Tour wollte man die heimischen Mannschaften fördern. Nun aber, ein Jahr später, sollte sich aus meiner Sicht Ehrgeiz und Beharrlichkeit verbunden mit sportlichen Leistungen auszeichnen. Der Etappensieg von Leopold König auf dem Niveau der Grand Tours im spätsommerlichen Spanien, das war für mich der Zugangscode für diese Tür.

* * *

»Schlafen Sie gut und träumen Sie süß.« Diese wunderbaren Worte habe ich noch heute im Ohr. Sie erreichten mich in schön gefärbtem, leicht unsicherem Deutsch, geäußert vom ziemlich sicher mächtigsten Mann unseres Geschäfts. Es war Herbst 2013, die Vuelta lag hinter uns, und ich hatte mal wieder einen meiner Kontaktpflegebesuche in der französischen Hauptstadt auf dem Programm. Tour-Chef Christian Prudhomme empfing mich wie immer höflich, inzwischen nahm er mich zunehmend ernst: Der einstige Radhändler aus Oberbayern war jetzt immerhin der letzte Vertreter des Profiradsports in Deutschland. Außerdem war ich einer, der nicht nur große Töne spuckte, sondern eben auch dafür arbeitete, dass meine Ziele keine Fantasie bleiben. Für mich und das Team war es natürlich umso relevanter, dass es außer uns in Deutschland keine Ansprechpartner mehr für Prudhomme gab, die auch nur annähernd auf Tour-Niveau unterwegs waren. Also traf ich Christian mal wieder in Paris, besuchte ihn in seinem Büro, ging dann mit ihm zum Mittagessen in ein typisches Pariser

Bistro. Ich weiß nicht mehr, was wir damals aßen, die Sache war inzwischen zur Gewohnheit für mich geworden, der Draht zu Prudhomme gut, wir konnten offen miteinander reden. Wir saßen also da, und natürlich wollte ich von ihm wissen, wie es um unsere Teilnahme an der Tour 2014 stand. Klar, das war mein mit Abstand wichtigstes Thema. An das Gefühl in diesem Gespräch kann ich mich nicht gut erinnern, wenn auch die Einzelheiten ebenso aus der Erinnerung getilgt sind wie die Speisen und Getränke, die wir dazu konsumierten. Monsieur Prudhomme vermittelte mir das Gefühl, oder zumindest nahm ich es so wahr, dass ich mich sicher fühlen konnte. Er wird mich nicht enttäuschen, dachte ich damals.

Denn bei unserer Verabschiedung spielte er auf seinen familiären Hintergrund an: Prudhomme hat auch im Elsass Wurzeln. Dort spricht man Französisch und Deutsch, die Nähe zu Deutschland ist groß. Christian Prudhomme sagte das, er erzählte mir, dass er ein wenig in seinem Deutsch gekramt habe. Und dann sagte er, mit klarem französischem Einschlag, aber in herzöffnenden deutschen Worten diesen Satz hinterher: »Schlafen Sie gut und träumen Sie süß.«

Am 28. Januar 2014 klingelte dann das Telefon bei uns im Büro. Wir saßen da, wir wussten, dass der Tag der Entscheidung gekommen war, wir hielten uns bereit, und ich war sicher. Heute gibt es die Zusage. An diesem Tag rief, wie er es immer macht, Christian Prudhomme persönlich an. Er sagte die Worte, auf die das Team und ich hingearbeitet hatten. Wir waren das erste Mal zur Tour eingeladen. Das war eine große Genugtuung. Es war das Gefühl, dass sich die viele Arbeit gelohnt hatte. Eine Stunde etwa dauerte es, bis die Sache in den Sportnachrichten bekannt wurde. Das war jetzt keine kleine Sache mehr. »Tour de France erstmals wieder mit deutschem Team«, schrieb etwa das Nachrichtenleitmedium *Spiegel Online*. Drei Jahre lang hatte das Land, das vor wenigen Jahren einen Radsportboom gefeiert hatte, keine eigene Equipe mehr beim größten Rennen der Welt gehabt. Als ich nur ein paar Jahre zuvor den Straßenradsport ins Visier genommen hatte, hatte ich ja nicht nur mein Ego im Blick. Ich wollte den deutschen Nachwuchs fördern, ich wollte Talente bei ihrem Aufstieg begleiten und ich wollte dem Profiradsport in Deutschland eine Chance zur Trendwende verschaffen. Mit diesem Anruf von Christian Prudhomme im Januar 2014 stand fest: All diese Ziele hatte ich erreicht. Aber wie das so ist, wenn man im Ziel ist: Es bleibt vielleicht Zeit für ein paar fröhliche Worte. Aber danach geht es wieder an die Arbeit.

Der erste Ruhetag der Tour de France 2014 gibt nicht nur Tiago Machado Gelegenheit, um die Verletzungen auszukurieren, und dem Team einen Moment des Verschnaufens – sondern auch mir den positiven Abschluss einer kräftezehrenden Phase. Die Euphorie, mit der sich unser Team unter dem Sportlichen Leiter auf die Tour de France vorbereitete, konnte ich schon seit Längerem nicht mehr teilen. Seit Monaten kämpfte ich ums Überleben unserer Mannschaft. Während die Fahrer alles taten, um in Bestform den großen Auftakt der 101. Tour in Großbritannien zu bestreiten, agierte ich hinter den Kulissen um die Finanzierung. Es ging darum, die Zukunft meines Projekts zu retten – nicht irgendwann, sondern genau in diesen Monaten stand das Team NetApp – Endura vor dem Aus.

Das war also die spannungsvolle Ausgangslage, die mich vor eine neue Prüfung stellte: Wir hatten nicht nur die Planungssicherheit für das sportliche Highlight des Jahres, sondern gleichzeitig einen auslaufenden Vertrag mit unserem Hauptsponsor NetApp. Im Radsport bedeutet das: Wir standen vor dem Ausfall unseres wichtigsten Geldgebers, damit nicht nur theoretisch vor einem Finanzierungsproblem, das ich selbst mit Rücklagen nicht mehr als ein paar Monate hätte überstehen können. Man muss sich immer vor Augen führen, dass wir als Profiteams beim Straßenradsport in besonderem Maße abhängig sind von den Einnahmen aus dem Teamnamen. Ein System von TV-Erlösen, wie es etwa die Finanzierung des Fußballs trägt, aber auch Stadioneinnahmen und Mitgliedschaften als Argument für Partner sind im Radsport nicht vorhanden. Um Geld zu verdienen, braucht man vor allem Sponsoren oder Investoren, die ein Team unterstützen. Bei uns sind es etwa 95 Prozent des Budgets, die wir aus Sponsoringverträgen erwirtschaften. Dieses Thema war in jenen Monaten deshalb meine größte Priorität. Zunächst war ich davon überzeugt, dass die Einladung zur Tour für das amerikanische Unternehmen sicher als positive News zu werten war. Schließlich hatten die NetApp-Manager noch zwei Jahre zuvor gesagt, dass sie auf die ganz großen Ereignisse der Sportwelt schielten. Die hatten wir ihnen in den Jahren 2012 und 2013 kaum bieten können, jetzt aber waren wir da. Für meinen Geschmack passte also alles zusammen, eine Vertragsverlängerung zu besseren Bedingungen hielt ich für eine realistische Möglichkeit. Wer weiterkommen will, wer auf diesem Level unterwegs ist, braucht eben auch deutlich mehr Geld, als wir damals hatten. So ging ich auch, durchaus selbstbewusst, die Gespräche mit NetApp an.

Dann passierte erst mal wenig. Ich erklärte den Vertretern des Unternehmens in Deutschland, wie sich die Ausgangslage positiv verändert hatte. Doch dann begannen Gespräche, die so gar nicht zu dem passen, wie ich gern agiere. Ich verstehe schon, dass ein Milliardenunternehmen anders geführt und regiert wird als ein kleiner aufstrebender Radrennstall oder ein Fahrradladen. So weit die Gesetzmäßigkeiten. Aber ich mit meinem kleinen Team, mit meinem höchstpersönlichen Ziel und der Tour de France vor den Augen, ich wollte schneller vorankommen, ich wollte einfach nur überzeugen. NetApp brauchte Zeit, die ich nicht hatte. Ich wollte den Vertrag so schnell wie möglich verlängern, die große Bühne, die wir nun hatten, auch für mehr Sicherheit nutzen. Im Frühling sprach ich wieder und wieder mit NetApp, ohne die wir kein sinnvolles Budget auf die Beine stellen konnten. Während die Sportliche Leitung und unsere Athleten der Tour entgegenfieberten und der enorme Teamspirit noch weiter anwuchs, ging es in den Verhandlungen für mich nicht voran. Ich erlebte es so, dass unser Partner mich damals vertröstete, dass bei jeder neuen Runde, jedem weiteren Termin immer noch jemand fehlte, der die Sache hätte vorantreiben können. Man verwies auf andere Gremien, so erinnere ich mich, und irgendwann war die Sache endgültig ins Stocken geraten. Im Mai dann endlich die klare Ansage, die für mich ein harter Rückschlag war: NetApp würde den Sponsoringvertrag zum Jahresende auslaufen lassen. Es war eine bedrohliche Lage, die ich aber vom Team weitgehend fernhielt. Ich wollte niemanden destabilisieren, die Lösung des Problems war meine Baustelle. Ich hatte ständig im Kopf, dass die Sache schieflaufen konnte. Aber so etwas lässt mich nicht verzweifeln, ich kämpfe dann weiter. Und ich schlafe trotz aller Probleme am Tag gut. Egal, wie tief die Scheiße ist, die ich durchwaten muss: Ich schlafe immer gut. Und dann schaue ich auf morgen, auf die nächste

Lösung. Klar: Manchmal läuft mir die Zeit davon. Aber ich bringe mich nicht mit der Sorge über übermorgen dazu, in der Gegenwart zu verzweifeln.

* * *

Also der Ruhetag, der 15. Juli 2014. Es war ein Tag nach Krisen, nach Machados Sturz, nach dem verkündeten Abgang unseres Sponsors. Aber es war eben auch ein Tag, an dem längst neue, positive Entwicklungen im Gange waren. Wir luden am Nachmittag zur Pressekonferenz in unserem Teamhotel in Besançon, wie es so üblich ist. Unser Fahrer Leopold König hatte am Tag davor bei der Bergankunft und weit abseits von Tiago Machados Kampf an der Planche des Belles Filles die sportliche Seite weitaus positiver gestaltet, als wir das erhofft hatten. Leopold hatte es auf Rang acht geschafft, ein erstes Zeichen dafür, dass seine Tour noch richtig stark laufen würde. Ich reiste von Deutschland aus mit dem Auto in den französischen Osten. Mit dabei hatte ich einen guten Freund, der für die Zukunft unseres Teams eine große Rolle spielen würde. Auf der Pressekonferenz sorgten wir dann nicht so sehr mit dem Sport für Schlagzeilen, sondern mit dem Namen unseres neuen Sponsors. »Ich freue mich, bekannt geben zu dürfen, dass mit BORA wieder ein deutsches Unternehmen als Namenssponsor in den Profiradsport zurückkehrt« – dieses Zitat aus meinem Mund meldeten die Nachrichtendienste. Es war für mich eine ebenso freudige Nachricht wie noch ein halbes Jahr zuvor die Information, dass wir erstmals bei der Tour teilnehmen würden. Dass mein Freund Willi Bruckbauer mit seinem Unternehmen mir sogar einen Fünfjahresvertrag und damit große Perspektiven zur Entwicklung unseres Teams bot, war genauso wertvoll wie der gelungene Auftritt unseres Teams bei der Tour, das sich in den kommenden Tagen noch deutlich steigern würde.

Es ist gar nicht so einfach, seinen besten Freund um Geld zu bitten. Mir jedenfalls fällt das nicht leicht. Der Wunsch nach finanzieller Unabhängigkeit, Sie erinnern sich vielleicht, war nicht nur zu Beginn meines Berufslebens wichtig für mich, er war auch nicht mit dem erfolgreichen Verkauf meines Fahrradgeschäfts viele Jahre später abgehakt. Unabhängigkeit ist mir sehr wichtig. Aber als ich merkte, dass es mit NetApp nicht weiterging, lief mir einerseits die Zeit davon, andererseits hatte ich schon länger eine andere Idee. Mit Willi Bruckbauer, dem Gründer von BORA, einem Revoluzzer der Küchenbranche, bin ich früher zusammen Sechstagerennen gefahren, wir kennen und schätzen einander, wir denken sehr ähnlich, teilen dieselben Werte und sind bis heute dicke Freunde. So jemanden um Millionen anzuhauen, das kostet erst mal Überwindung. Aber ich fragte vorsichtig bei verschiedenen Unternehmen aus dem deutschen Mittelstand nach, und da gehörte BORA für mich selbstverständlich dazu. Da ich mich sehr intensiv mit dem Sponsoringmarkt, mit der Chance von Radsportsponsorings für Marken und auch den Risiken beschäftige, konnte ich die nötige Kompetenz vorweisen und entsprechende Angebote machen. Ich klopfte also bei Willi an, aber ich sagte direkt etwas dazu: Fühl dich nicht verpflichtet, weil du mein Freund bist und ich etwas brauche. Schau dir bitte auch andere Angebote an, entscheide rational und klug – und nicht, weil ich dir etwas vorschlage. Willi war mit BORA schon länger Sponsor bei uns, allerdings trug das Unternehmen nur einen kleinen sechsstelligen Betrag pro Jahr zu unserer Kalkulation bei. Willi hatte das aus Überzeugung getan, er ist ein Fan und Unterstützer des Radsports. Jetzt machte ich ihm ein Angebot und lud ihn gleichzeitig zur Skepsis ein. Schau dir an, welche Potenziale ähnliche Engagements bringen, etwa im Wintersport wie Biathlon oder Skispringen, beim Fußball oder bei der Formel 1. Er sollte sich von einer Agentur für Sportmarketing beraten lassen, war mein Vorschlag, denn ich wollte keinen Mäzen, sondern einen Partner, der unser Team als Chance auch für sein Unternehmen nutzen konnte. Willi und seine Leute nahmen sich dann auch Zeit für diese Analyse, aber die Sache war schnell klar. Der Wintersport, man kennt das von anderen Unternehmen ähnlicher Größe, hat ein gutes Preis-Leistungs-Verhältnis – allerdings nur wenige Monate Sichtbarkeit. Im Fußball schaute man sich direkt in der Nähe um, beim FC Bayern in München, doch auf die Anfrage aus Raubling kam nie eine Reaktion. Und dann war da noch die Formel 1: Für den Preis, zu dem wir unseren Namen hergaben, hätte man dort eine Werbefläche quasi *unter* dem Auto bekommen, die kaum je ins Bild fällt. Willi, der keine Miteigentümer hat und alles allein entscheiden kann, sagte mir Bescheid: Er sei dabei, ab 2015, und legte zur Sponsorsumme von NetApp sogar noch etwas drauf. Das war der Sprung, der zu unserer sportlichen Entwicklung passte, das war die Nachricht, die ich gern bei der Tour de France verbreitete. Ein deutsches Team, ein deutscher Sponsor wieder bei der Tour, das war schon eine großartige Wendung in unserem Projekt.

* * *

Die Tour de France 2014 war und ist für uns ein wegweisendes Ereignis. Es zeigt, wie schnell alles gehen kann. Als ich Anfang

Juli im nordenglischen Leeds ankam, lernte ich eine Region im Ausnahmezustand kennen. Die Bilder, die der Grand Départ in Großbritannien schuf, die Fanmassen und die positive Begeisterung für den Sport in einem Land, das gerade zwei Tour-Sieger hervorgebracht hatte, das war für mich eine Offenbarung. Es war das, was wir in Deutschland auch einmal so ähnlich erlebt hatten, aber hier gehörte es nicht der Vergangenheit an. Die Fanmassen vor dem Start, die schiere Begeisterung für alles rund um die Tour an den ersten drei Tagen, in Leeds, Harrogate, Sheffield, York, Cambridge und London war für uns alle überfordernd und genial. Weder ich noch irgendjemand in unserem Team hatte solch einen Menschenauflauf, solch ein mediales Echo und solch eine Euphorie je erlebt. Die Tour, das weiß ich inzwischen, ist gewaltig, aber das hier war noch einmal viel krasser.

Es war fast überfordernd schön, was sich in diesen drei Wochen abspielte. Wir waren ja immer noch auf schmaler Spur unterwegs, standen wir doch auf den Parkplätzen beim Start und Ziel mit dem Camper zwischen mehrere Hunderttausend Euro teuren Teambussen. In Frankreich lachten viele Zuschauer über uns, daran erinnere ich mich noch gut, und auch Christian Prudhomme fragte mich: Wann ich denn wohl den »Mikrobus« gegen etwas Besseres eintauschen würde? Ich antwortete: Eins nach dem anderen. Erst müssen wir Erfolg haben, dann können wir über einen größeren Bus sprechen.

Die Dynamik in unserem Team war so groß, dass ich mich manchmal in diese Tage zurücksehne. Enrico hatte die Jungs bestens vorbereitet, seine Art war klar und ehrgeizig, und alle Fahrer am Start waren mit Leidenschaft dabei. Damals hatten wir nur einen Bruchteil des Budgets, das wir heute pro Saison ausgeben können. Aber damals hatten wir schon einen Spirit im Team, der immer der entscheidende Faktor ist. Dieser Geist ist etwas, das ich immer wieder betone. Der Spirit unserer Tour 2014 war so stark, dass wir Tiago Machados Rückschlag hervorragend kompensierten. Zugleich startete Leopold König durch, wie man es von einem Team unserer Stufe niemals erwarten konnte. In der zweiten und dritten Woche der Tour brach Leopold nicht ein einziges Mal ein, im Gegenteil. Er kam in den Bergen immer als Teil der Topfahrer an, sowohl in den Pyrenäen als auch in den Alpen. In Chamrousse hatte er es sogar auf den dritten Platz der Tageswertung geschafft, nur elf Sekunden hinter dem damaligen Champion Vincenzo Nibali. Das war ein überragender Auftritt, und ich bin Leopold dankbar dafür, dass er unser Trikot so stark präsentiert hat. Er fuhr unter die Top Ten der Tour de France, für uns, den Emporkömmling, das zweitklassige Team aus dem Radsport-Ödland. Es war eigentlich schon während der Tour klar, dass wir ihn nicht würden halten können, aber so ist das Geschäft.

Unsere Euphorie war so gigantisch, dass wir zum Schluss sogar uns selbst komplett überraschten. Das Zeitfahren am vorletzten Tag unserer ersten Tour, das war wahrscheinlich das Beste, was ich als Teamchef jemals erlebt habe – als Gegenbeispiel zu meinem Wettbewerber Richard Plugge, einem der prägenden Köpfe unseres Geschäfts und Teamchef beim Giganten Jumbo-Visma, der seinen Tour-Triumph sechs Jahre später auf der vorletzten Etappe verlieren sollte. Damals fuhren wir nicht nur befreit auf, sondern überragend. Für Leopold König hatten wir am Abend davor noch einen neuen Zeitfahrhelm organisiert, weil uns das Produkt unseres Ausstatters Endura nicht überzeugte. Ich lackierte den Helm eines renommierten

Konkurrenten um, sodass er am nächsten Tag aussehen würde, als gehöre er ins Sortiment unseres Teams. Leopold schaffte es mit dem neuen Kopfschmuck auf den fünften Platz auf den mehr als 50 Kilometern gegen die Uhr – ein phänomenaler Ritt für den Kletterer, der noch von Jan Bárta aus unserem Team überragt wurde. Jan kam als Dritter ins Ziel.

Es ist für mich immer noch amüsant, wie man uns im Laufe der drei Wochen zunehmend überbewertet hat. Wir waren schlagartig da, und die Art, wie das Team fuhr, rief allerlei Experten auf den Plan. Kurz: Wir fuhren viel besser, als man es einem Team unserer Budgetklasse zutrauen konnte. Ich habe bis heute einen Artikel aus der Sportzeitung *L'Équipe* aufbewahrt, der gut zeigt, was wir damals erreichten. Das Team, bei dem sich in finanzieller Hinsicht beim Tour-Start dunkle Wolken am Horizont abzeichneten, kam für die Journalisten weit potenter rüber, als es tatsächlich war. In der Zeitung schätzte man unser Budget auf sechs Millionen. Doch wir hatten damals nur etwa ein Drittel davon. Was für eine Pointe: Man kann auch mit einer ungewissen Position sehr weit kommen, wenn alle das gemeinsame Ziel verfolgen und die Aufgabe groß genug ist.

Mit seinen offensiven Ankündigungen vom stetigen Aufstieg geht Ralph Denk einen riskanten Kurs ein, der aber letztlich zum Erfolg führt. Doch als sein Team endlich beim wichtigsten Radrennen der Welt eingeladen ist, sieht sich der Manager mit einer existenzbedrohenden Krise konfrontiert: Mit dem Hauptsponsor droht Denk die komplette Basis für das Projekt zu verlieren. Der Teamchef muss diese Sorgen von den Sportlern fernhalten. Während die Fahrer sich für eine Tour de France vorbereiten, arbeitet Denk am langfristigen Überleben der Equipe, die bei der Rundfahrt überraschend stark abschneidet. Aus dieser riskanten und maximal offenen Situation gelingt es Denk und dem Team, wichtige Grundlagen für den längerfristigen Erfolg zu legen.

Kapitel 8

Mens sana? Wenn der Druck unerträglich wird

Ich will weiterkommen, ich will hoch hinaus. Ich bin bis heute befeuert vom selben Antrieb, der mich in der Hauptschule zur Ansage an meinen Lehrer brachte, mehr als er verdienen zu wollen. In diesem Buch geht es um meinen und danach unseren Aufstieg, um Entwicklung, Ehrgeiz und Erfolg. Das sind die Themen, mit denen ich mich am liebsten beschäftige, die meinem Charakter entsprechen. Ich bin auch gern sehr gut vorbereitet, sei es in der mentalen Einstellung vor einer neuen Aufgabe, sei es auf die konkreten Schritte, um den nächsten Erfolg zu ermöglichen. Das kann ein Verkaufsgespräch sein oder die Strategie vor einem Rennen. Doch ich muss hier eingestehen, dass ich auf diesem Weg nicht ausreichend darauf vorbereitet war, dass andere – durchaus ähnlich ehrgeizige – Menschen in diesem Geschäft auch in die Krise geraten oder sogar mental zerbrechen können. Ich habe in der Zusammenarbeit mit Spitzensportlern, aber auch Betreuern und Fachleuten im Radsport in den vergangenen Jahren viele außergewöhnliche Charaktere kennengelernt. Über Schwächen wurde dabei nur selten geredet. Das ist wiederum eine Schwäche, an der man arbeiten muss. Es war vor allem eine Person, die meine Wahrnehmung für die Schattenseiten in diesem Geschäft verändert hat.

* * *

Im Sommer 2014 hatten wir uns überzeugend auf höchstem Niveau bewiesen, eine gewaltige Euphorie herrschte im Team. Die Tour de France, unsere erste, war ein unfassbarer Erfolg, den wir gerade auch Leopold König zu verdanken hatten. Leopold war im vierten Jahr bei uns, ein tschechischer Rundfahrer im besten Alter. Mit siebenundzwanzig stieß er vor in die Riege der Allerbesten, was für einen Fahrer aus einem Zweitligateam eine große Überraschung war. Der siebte Platz bei der Tour de France 2014, im Jahr nach seinem ersten Etappensieg bei der Vuelta in Spanien, das war sportlich eine solch enorme Entwicklung, dass wir schlagartig für Leopold zu klein geworden waren. Gern hätte ich ihn gehalten, wir verhandelten auch über einen neuen Vertrag. Leopold wusste, dass wir uns dauerhaft in der Elite etablieren wollten. Aber auf der anderen Seite hatte er ein Angebot von Team Sky, der damals mächtigsten Mannschaft im Profiradsport. Bei den genannten Zahlen aus dem Angebot konnte ich nicht mitgehen. Ich musste mich nach Ersatz umschauen, das war die Realität. Wir brauchten also jemanden, der das Zeug hatte, uns bei der Tour de France auch in Zukunft als Anführer im wichtigsten Wettbewerb zu vertreten: dem Kampf um das Klassement nach drei Wochen Leid und Schinderei vor atemberaubenden Kulissen und Milliardenpublikum.

Ich wollte außerdem gern jemanden als Ersatz für Leo verpflichten, der in unser bisheriges Konzept passte. Wir hatten schließlich Fahrer gefunden und entwickelt, die vor allem aus Deutschland und den direkten, im Radsport eher unbeachteten Nachbarländern stammten, die noch keine große Rolle in einem Topteam gespielt hatten – die sich mit uns zusammen weiterentwickeln würden. Wir machten uns also auf die Suche nach einem Ersatz für Leopold König. Die relevantesten deutschen Fahrer – André Greipel, Tony Martin, Marcel Kittel und John Degenkolb – waren allesamt keine Klassementfahrer, in einer für uns unerschwinglichen Gehaltsklasse unterwegs und hätten niemals den Abstieg in die Pro-Continental-Klasse hingenommen. Aber ein anderer deutscher Fahrer kam schnell ins Visier: der Allgäuer Dominik Nerz, damals fünfundzwanzig Jahre alt, ein junger Mann. Natürlich kannten wir Nerz schon, weil er als Junior bei der Deutschen Meisterschaft gewonnen hatte. Ich hatte seine Laufbahn danach verfolgt. Jetzt wusste ich, dass er zwar bei einem der größten Teams der damaligen Ära fuhr, dass er allerdings dort an einem schwierigen Punkt angekommen war. Dominik hatte schon vier Grand Tours im Palmarès stehen, er war Helfer für Superstars wie Samuel Sánchez und Tejay van Garderen – und hatte nebenher zweimal die Spanien-Rundfahrt unter den Top 20 zu Ende gebracht. Physisch war er also nicht nur ein Talent, sondern ein gestandener Athlet mit enormer Qualität für die härtesten Rundfahrten. Ich entschied mich, Nerz und sein Management anzusprechen und ihm eine Perspektive anzubieten: Komm zu uns, als deutscher Kapitän und Mann für unsere großen Ziele bei der Tour de France.

Es fühlte sich an wie ein Glücksfall. Dominik Nerz signalisierte mir nicht nur, dass ihm die Rolle gefiel, er gab uns auch zu verstehen, dass er kein Problem damit hatte, eine Klasse weiter unten zu fahren. Vom Starteam BMC wechselte er also nach Deutschland. Die Aufgabe, die ihm zugedacht war, also der Mann mit der »Kapitänsbinde« in der einzigen deutschen Mannschaft auf Spitzenniveau, verschreckte ihn nicht. Dominik unterschrieb bei uns.

Schnell stand er im Rampenlicht. Im November 2014 präsentierten wir bei uns in Raubling das Team und die Ziele für die folgende Saison. Mir war ein Coup gelungen, indem ich Tour-de-France-Direktor Christian Prudhomme dazu bewegte, an dieser Pressekonferenz teilzunehmen. Wir stellten uns ehrgeizig vor, wir nannten Dominik Nerz als Hoffnungsträger für die Tour, aber ich glaube, er war von vornherein völlig falsch in dieser Rolle. Die Aufmerksamkeit, die Position, die ihm zuteilwurde, das Treffen mit dem Tour-Chef: Es scheint mir heute, als habe Dominik Nerz all das nicht verarbeiten können.

Dass etwas faul war, merkte ich danach relativ schnell, und schnell versuchte ich auch, die Sache zu verstehen und in den Griff zu bekommen. Im Januar 2015 hatten wir uns wie üblich zum Trainingslager auf Mallorca verabredet, wir kamen im Robinson Club zusammen, und Dominik, unser Kapitän, sah aus, als würde etwas nicht mit ihm stimmen. Er war superdünn. Er war so dünn, dass man ihn dafür in Radsportkreisen hätte loben können, weil er die Basis hatte, um die Formel Watt pro Kilogramm Körpergewicht perfekt zu erfüllen, also möglichst viel Leistung im Verhältnis zum Gewicht zu erzielen. Oder aber, und das habe ich durch diesen Fall auch gelernt, man konnte Dominik als jemanden wahrnehmen, der zu dünn war. In meiner Erinnerung stand da jemand vor uns, der zwar über den Winter vorbildlich diszipliniert gelebt und trainiert haben musste, bei dessen Anblick aber trotzdem Zweifel aufkam. Dominik sah damals krank aus, und er fuhr genauso schlecht, wie er aussah. Ich bin in jenem Trainingslager häufiger mitgefahren auf dem Rad, und Dominik war tatsächlich bei den Trainingsfahrten schwächer – schwächer als ich. Das war alarmierend. Wir schickten ihn nach Hause, begründeten das mit einem Infekt, und die Nachricht verbreitete sich sogar über die Agenturen und Sportseiten. Als Hoffnungsträger für das deutsche Team war Dominik jetzt ein Fahrer, auf den die Leute genau schauten.

Ich versuchte im Frühjahr 2015 gemeinsam mit Enrico Poitschke, dem damaligen Sportlichen Leiter, einen Draht zu Nerz zu finden, wir haben uns sehr früh darum bemüht, alles offen anzusprechen, die Sorgen oder Probleme bei Dominik zu eruieren. Wir erkannten aber nur scheibchenweise, wie groß diese Probleme waren. Denn Dominik ließ nach meiner Erinnerung ebenfalls nur scheibchenweise durchblicken, was ihn bewegte. Es dauerte, bis er sich uns gegenüber ein bisschen öffnete, auch wenn wir versuchten, ihm maximale Unterstützung zu bieten. Als wir im Frühling 2015 keinen Fortschritt bei Dominik sahen, habe ich mich ins Auto gesetzt und bin zu ihm an seinen Wohnort in die Schweiz gefahren. Ich habe mir eine Pension gleich neben seinem Haus gemietet, habe mit Dominik gesprochen und versucht herauszufinden, was das für ein Typ war und was er abseits des Radfahrens gern macht. Ich bin nicht weitergekommen, das ist mir heute bewusst. Ich habe ihn nicht verstanden, weil er mich auch nicht an sich herangelassen hat.

Ich versuche immer, den Standpunkt des anderen zu verstehen. Das fällt mir manchmal leicht, manchmal ist es sehr schwierig. Bei Dominik fehlte mir der Zugang, das muss ich so klar sagen. Zu groß sind die Unterschiede zwischen unseren Charakteren, zu weit auch die Ausgangslagen voneinander entfernt. Ich habe natürlich gelesen, dass Dominik Nerz sich in der damaligen Phase mehr Unterstützung von mir und vom Team gewünscht hätte. Aus meiner Perspektive haben Enrico und ich sehr viel getan, um ebendiese Unterstützung zu bieten. Im Buch *Gestürzt* beschreibt Michael Ostermann die erschreckende Karriere dieses Athleten, die bei uns zum Erliegen kam. In dem Buch kommt auch Kritik von Dominik in unsere Richtung. Es bleibt an mir hängen, dass Dominik über unsere vermeintlich mangelnde Sensibilität enttäuscht war. Er beschreibt eindrucksvoll, wie er unter Druck stand, der von außen auf ihn einwirkte und ihn psychisch fertigmachte. Im Buch komme ich auch als jemand rüber, der wenig Verständnis für die Probleme des Sportlers hatte – zumindest in manchen Situationen. Einmal, als Emanuel Buchmann überraschend Deutscher Meister wurde und die meisten mit ihm im Bus feierten, brach Nerz draußen bei seiner Schwester in Tränen aus. In Michael Ostermanns Buch kann man lesen, wie unterschiedlich unsere Herangehensweisen damals waren, wie tief das Missverständnis. Denn ich beschwerte mich darüber, dass Dominik mit seinen eigenen Problemen beschäftigt war, während die anderen Jungs euphorisch feierten. Allerdings haben wir alle dazugelernt inzwischen, und unsere damalige Sicht auf die Dinge sollte nicht mit dem Wissen von heute beurteilt werden. Wir haben viel getan, um Dominik zu integrieren. Aber damals konnte ich die Sache, die erst später deutlich wurde, nicht einordnen. Ich hatte einen anderen Blick: den Blick des Teamchefs, der in der Lage ist, einen Rückschlag abzuhaken und »Scheiß drauf!« zu sagen. Das wünschte ich damals auch unserem Kapitän.

Es stimmt tatsächlich, dass Dominik mit dem Druck überfordert war. Weder ich noch Enrico Poitschke waren zugleich vorbereitet auf das, was Dominik mit sich ausmachte. Wir waren beide in einem anderen Modus unterwegs, sind beide Männer, die Misserfolge schnell überwinden und neue Ziele in den Blick nehmen können. Wir waren auf dem aufsteigenden Ast, hatten in nur fünf Jahren den Weg vom Miniteam zur Tour de France hinter uns gebracht, trotz sehr begrenzter Mittel. So schauten wir auf alles, wir wollten motivieren und waren heiß auf den gemeinsamen Erfolg. So waren wir wohl nicht vorbereitet auf die Probleme, die Dominik Nerz mit zu uns brachte.

Dabei haben wir - aus damaliger Perspektive - das Bestmögliche getan. Das dachten wir zumindest. Für uns ging es darum, die für uns durchaus teure Personalie Dominik Nerz »auf Vordermann« zu bringen. Das klingt vielleicht sehr kalt und ökonomisch, aber so ist es eben auch. Damals hatten wir keine große Teaminfrastruktur, wir hatten weder Sportpsychologen noch Ernährungsberater noch eigene Trainer, die die Fahrer im Blick behielten. Für uns ging es darum, als Underdog das Maximum aus unserem Team herauszuholen.

Ich weiß inzwischen, wie groß sein Leid war. Nachdem ich seine gesamte Geschichte gelesen habe, ist mir bewusst geworden, wie weit das Problem in seinem Kopf schon entwickelt war, als er zu uns kam. Das konnten wir aber damals nicht wissen, weil es keinen Hinweis gab, und es war ja auch keine einfache Situation, denn welcher Fahrer würde so offen mit seinen Problemen umgehen? Verwundbarkeit ist ein Risiko, das ist ganz sicher richtig, und für Radsportler ist es gefährlich, sie offen auszutragen. Als ich ihn in der Schweiz besuchte, hatte ich das Gefühl, an ihn heranzukommen. Heute weiß ich, dass er sich nicht geöffnet hat. Das ist verständlich, schließlich war ich sein Arbeitgeber. Dominik hatte sich unter Leistungszwang und falschem Einfluss Verhaltensmuster angeeignet, die hochgradig ungesund waren. Er hatte eine Essstörung, war phasenweise magersüchtig, er setzte sich selbst übermäßig unter Druck und reagierte hochsensibel auf äußere Erwartungen. Heute habe ich die dramatische Lage verstanden, in der Dominik steckte. Damals war es anders, ich versuchte, es zu begreifen, Hilfe anzubieten, aber weder ich noch jemand anders im Team hatte dafür das Werkzeug.

Die Diskrepanz hat Gründe. Ganz persönlich ist es bei mir so, dass ich mich als maximalresilient bezeichnen würde. Siehe oben: Egal, wie scheiße ein Tag läuft, ich schlafe immer gut. Ich bin in keiner Weise anfällig für psychische Durchhänger, das ist zum Glück bis heute so. Und das bedeutet eben auch, dass mir manchmal die Sensibilität dafür gefehlt hat, was etwa bei jemandem wie Dominik Nerz längst passiert war. Ich habe damals einfach versucht, mit Einsatz und Energie das Problem anzugehen, wie ich andere Probleme angehe. Aber das ist mir nicht gelungen. Das ist einfach in solchen Fällen nicht unbedingt der Weg, mit dem es besser wird.

* * *

Das gemeinsame Projekt mit Dominik Nerz ging schief, das ist die traurige Wahrheit. Dominik scheiterte an der Rolle als »Retter des deutschen Radsports«, in der er sich selbst sah, in die die Medien ihn allerdings auch hineinbugsierten und die wir als Team natürlich wünschten, schließlich wollten wir ja die Aufmerksamkeit haben. In der Vorbereitung zur Tour de France 2015 stürzte

Dominik in einem Tunnel schwer, so schwer, dass er vermutlich eine Gehirnerschütterung davontrug. Ich war mit ihm im Krankenhaus, doch weil die Ärzte in Frankreich keine schlimmeren körperlichen Schäden feststellten, nahm ich Dominik im Auto mit nach Bayern. Dass er ein schlimmes Brummen im Kopf hatte, erzählte Dominik mir nicht. Die Tour fuhr er zwar, doch nach einem an Unbill nicht gerade armem Auftritt musste er sich mit einem Magen-Darm-Problem abmelden. Danach nahm er sich die Spanien-Rundfahrt vor, doch er kam nicht mehr in Form. Er steckte in einer Krise. 2016, in seinem zweiten Jahr bei uns, versuchten wir, Dominik den Druck zu nehmen. Wir haben ihn nicht mehr als Kapitän aufgebaut, sondern gehofft, dass er die Saison gesund durchfährt. Doch er durchlebte ein Frühjahr mit Höhen und Tiefen und hatte schließlich in der Vorbereitung zur Tour de France einen körperlichen Einbruch. Zur Tour de France nahmen wir ihn nicht mit – und weil er keine Ergebnisse mehr lieferte, trennten wir uns nach zwei Jahren von Dominik.

Mit dem, was wir heute wissen, hätten wir Dominik vermutlich bessere Hilfsangebote unterbreiten können – ob er diese Angebote dann allerdings auch angenommen hätte: Wer weiß? Der Fall, an dem auch wir scheiterten, setzte einen Lernprozess in Gang. Ich lernte an jemandem im eigenen Team, welche Gratwanderung der Leistungssport ist. Wir verlangen dauerhaft Performance von den Athleten, anders geht es nicht. Aber es ist eben keine Selbstverständlichkeit, dass die Sportler dieser Drucksituation gewachsen bleiben und nicht an ihr zerbrechen. Das musste ich lernen, denn ich ticke – wie sehr viele Leute in unserem Team oder in dem Metier – eben ganz anders.

Heute habe ich verstanden, dass man seine Mitarbeiter, gerade die Fahrer, mehr umsorgen muss. Die Sportliche Leitung, heute von Rolf Aldag angeführt, schaut viel genauer hin, achtet verstärkt auf Zwischentöne. Inzwischen haben wir ganz andere Möglichkeiten. Als Dominik bei uns fuhr, waren wir ein Zweitligateam, das um jeden Euro kämpfte. Inzwischen sind wir auf WorldTour-Niveau unterwegs und gelten gerade auch bei der wissenschaftlichen Begleitung der Athleten als Vorreiter. Wir haben Spezialisten, die nicht nur die Performance überwachen, sondern immer im Blick haben, wie es um die Gesundheit der Sportler steht. Auch haben wir eine Kooperation mit einem Sportpsychologen, an den sich die Fahrer wenden können.

Das wiederum ist allerdings keine triviale Sache. Einen Psychologen beim Team einzustellen, ihn quasi ebenso wie Trainer und Ernährungsexperten durch unsere Organisation bereitzustellen, ist eine hochsensible Angelegenheit. Ich hätte als Fahrer nicht bei einem vom Team bezahlten Psychologen meine persönlichen Sorgen besprechen wollen. Denn was, wenn der Psychologe dann doch gegenüber dem Teamchef durchsickern lässt, dass ein Fahrer gerade eine mentale Krise hat – und das vielleicht sogar in einer Situation, in der es um die Vertragsverlängerung geht? Es gibt also gute Gründe, dass man zwar die psychologische Betreuung der Athleten anregt, es ihnen aber selbst überlässt, sich entsprechende Hilfe zu suchen.

Ich habe also gelernt, und ich hoffe, dass die Branche insgesamt aus dem Fall Dominik Nerz gelernt hat. Wir haben inzwischen eine viel bessere Betreuung durch Fachleute, wir haben aber auch an Sensibilität im persönlichen Umgang gewonnen, ich versuche, die Antennen auszufahren und nicht von mir auf andere zu schließen. Allerdings besteht bei mir weiterhin ein großer Zweifel, ob wir Dominik selbst mit unserem heutigen Apparat hätten helfen können. Ich glaube, die Sache war bereits zu weit fortgeschritten, als er zu uns kam, und bezweifle, dass wir ihn wirklich hätten erreichen können. Seine psychischen Probleme, seine Essstörungen, das ist wohl ein Thema gewesen, das sich schon während seiner Zeit als Nachwuchsfahrer in Italien verankert hat. Wahrscheinlich war er vor allem zu sich selbst nicht ehrlich, vielleicht hat er sich auch überschätzt, als er sich fragte, ob er der Rolle als Kapitän einer deutschen Mannschaft bei der Tour de France gewachsen sei.

Unser Team hat gelernt, dass es bei der Jagd nach Erfolg und sportlichem Aufstieg eben auch psychische Probleme gibt. Wir wissen, dass wir hinschauen müssen, Brücken bauen, Unterstützung anbieten. Wir wissen aber auch, dass letzten Endes der Betroffene selbst verantwortlich dafür ist, die Hilfe anzunehmen und die entscheidenden Schritte zu gehen.

Jeder Mensch geht schließlich anders mit Rückschlägen und Leistungsdruck um, das lässt sich schwer einschätzen. Man denke nur an Peter Sagan, der auf dem Weg zu den Etappenorten bei der Tour de France am Telefon seine Ehe abwickelte. Er war maximal resilient. Man denke auch an Emanuel Buchmann. Er füllte als junger Fahrer die Lücke, die Dominik Nerz hinterlassen hatte. Bei der Tour 2019 schließlich überraschte Buchmann die Radsportwelt und hätte es bei der Tour de France fast aufs Podium geschafft. »Kann er der neue Ullrich werden?«, fragte daraufhin die *BILD*-Zeitung. Man muss sich das einmal vorstellen: Millionen Menschen sehen plötzlich, vielleicht zum ersten Mal, dass es diesen Sportler überhaupt gibt – und fangen an, große Hoffnungen in ihn zu setzen. »Emu« ist ein ganz anderer Typ als Dominik, er ist mental unglaublich stark. Sein Aufstieg war kometenhaft, ebenso kam auch das Interesse der Medien auf ihn zu. Doch ihn juckt das nicht. Natürlich freuen wir uns als Team auch, wenn die *BILD* über uns berichtet, darum geht es ja schließlich. Und Emanuel schafft es, damit umzugehen. Er ist zwar wortkarg, schüchtern, kein Mann für die Show, aber er macht nicht den Eindruck, dass ihn die Rolle belastet. Das ist umso bemerkenswerter, als er immer wieder hinter den Erwartungen der Öffentlichkeit zurückgeblieben ist. Alle hoffen auf den Buchmann von 2019, aber gezeigt hat er das bisher nicht mehr. Ich finde es erstaunlich, wie stark er weiter an sich arbeitet – und wie sehr er daran glaubt und darauf hinwirkt, noch einmal eine Rundfahrt wie die Tour von 2019 zu absolvieren.

So ist es ein interessantes Gemisch aus Charakteren, und insgesamt muss man schon festhalten, dass es auch schräg ist. Da gibt es tatsächlich Fahrer, die lieber nach Hause fahren würden als zum Rennstart, weil das Haustier einen Schnupfen hat. Das ist keine Übertreibung. Wenige Stunden später brettert so jemand dann mit hundert Stundenkilometern einen Berg runter – und ich denke mir: Was für ein Draufgänger! Und dann, ein paar Tage später, steht derselbe Mensch leidend und übermüdet vor mir, weil er nachts nicht schlafen kann. Grund: Das Haustier ist immer noch krank. In einem solchen Zirkus ist es nicht leicht, grundlegende Probleme herauszufiltern.

* * *

Wir haben einen weiteren Fahrer im Team, der immer mal wieder medial mit mentalen Herausforderungen in Verbindung gebracht wird: Lennard Kämna. Er reagiert öffentlich sehr defensiv, wenn Medienvertreter ihn in die Hoffnungsträgerrolle des »neuen Ullrich« rücken wollen. Schon als junger Rennfahrer nahm sich Lennard beim Team Sunweb, wo er vor seiner Zeit bei uns fuhr, eine kreative Pause. Das war durchaus bemerkenswert. Als er zu uns kam, lernte ich ihn als jemanden kennen, der sich ganz bewusst mit den Risiken des Berufs beschäftigt, der sich auch einen Puffer nimmt und dem wir diesen Puffer gern gewähren, bevor er überfordert ist oder ins Übertraining rutscht. Ich rede offen mit ihm und habe ein Superverhältnis zu Lennard, was wichtig ist, um diese Seite des Sportlers zu verstehen.

Lennard Kämna ist nicht nur ein riesiges Talent, das sich inzwischen bei Grand Tours bewährt hat. Er ist auch ein Mensch, der zwischen Extremen pendelt – ohne ihn auch nur im Geringsten in die Nähe von Dominik Nerz rücken zu wollen. Lennard macht manchmal zu wenig, manchmal macht er dann wiederum viel zu viel im Training. Das bedeutet, dass er hin und wieder aufholen muss, dann aber auch Gefahr läuft, ins Übertraining zu driften. Ihn muss man bei der Motivation erreichen, aber man muss ihn auch davor schützen, übermotiviert zu handeln. Das erfordert genaues Hinsehen. Bei uns hat Lennard Kämna sich weiterentwickelt, und ich glaube, das hat auch mit unserem mentalen Support zu tun. Er kam Ende 2019 vom super strukturierten Team Sunweb zu uns und erlebte eine neue Freiheit in den Abläufen. Wir konnten auch mal über Dinge lachen, und das schien ihm imponiert zu haben. Wir waren locker, wir nahmen uns nicht zu viel vor – und so erlebte Lennard ein sehr gutes erstes Jahr bei uns, trotz all der Widrigkeiten, die die Coronapandemie bedeutete.

Ich erinnere mich gut an das erste Trainingslager nach der Coronapause, im Ötztal während der Vorbereitung zur Tour de France 2020. Damals war Lennard Kämna ganz sicher derjenige im Team, der mit der schwächsten Form angereist war. Es war wichtig, die Sache humorvoll aufzunehmen, statt zu schweigen oder zu spotten. »Hast du in der Pandemie zu viel Kuchen gegessen?« Solche Sprüche, über die jeder lachen kann, waren wichtig, ein freundschaftliches Necken. Eigentlich war der Druck enorm. Wir hatten nur noch vier Wochen bis zur Tour. Aber es bringt überhaupt nichts, in solchen Druckphasen auch noch den Druck zu erhöhen. Ich habe dann zum Team gesagt: »Heute fahren wir einen Berg weniger, denn der Lennard ist dabei.« Das war nicht nur ein Witz, sondern auch ein Angebot. Wir würden auf seine Situation eingehen. Ich glaube, er hat da gemerkt, was er an unserem Team schätzen kann: dass wir ihm Zeit geben, dass wir ihn auch mal zur Seite nehmen, ihm etwas beibringen und dabei durchaus auch mal lustig sein können. Er war wirklich schlecht in dem Trainingslager, aber wir haben ihm vertraut. Als die Tour dann losging, war Lennard in hervorragender Form, einer unserer Besten. Er war es dann auch, der uns – salopp gesagt – den Arsch rettete. Denn mit seinem Sieg auf der 16. Etappe, bei der ersten Bergankunft in den Alpen, gelang es, unser Team doch noch halbwegs erfolgreich bei der Tour zu platzieren. Das war ein überragender Ritt von Lennard, dem es sogar gelang, eine Bergziege wie Richard Carapaz abzuhängen. Ein paar Tage vorher war Lennard noch im Zentralmassiv kurz vor dem Ziel von Daniel Martínez geschlagen worden, nachdem er alles auf den Tagessieg gesetzt hatte. Auch das muss man erst mal verkraften können. Lennards Sieg auf der 16. Etappe war unser einziger Etappensieg damals – damit für das ganze Team enorm bedeutsam.

* * *

Die psychologische Seite unseres Sports, die mentalen Belastungen für Topathleten und Betreuer sind enorm. Auch ich habe erst lernen müssen, wie gewaltig sie im Einzelfall sein können. Doch ich bin auch ehrlich: Der Profiradsport ist ein Biotop für enorm widerstandsfähige, außergewöhnliche Charaktere. Es hätte keinen Zweck, die heutigen Maßstäbe aus der Unternehmenswelt an unseren Sport heranzutragen, den Wunsch nach schonendem Arbeiten. Der Radsport ist und bleibt der härteste Ausdauersport der Welt, er steckt voller Disziplin und Überwindung. In diesem Geschäft haben nur besondere Charaktere einen Platz. Man muss das vorher wissen oder spätestens feststellen, wenn man das erste Mal mit unserem Geschäft in Berührung kommt.

Zugegebenermaßen bin ich kein Fan von Begriffen wie Work-Life-Balance. In einem Radsportteam gibt es keine geregelten Arbeitszeiten, die Bereitschaft zur Hingabe ist Voraussetzung, sonst hat man hier nichts verloren. In unserem Staff, also bei den Mechanikern, bei Busfahrern, Betreuern, Physiotherapeuten, aber auch bei den Menschen im Marketing geht es immer um Leistung und nie um Dienst nach Vorschrift. Wir verlangen dem Personal ein enormes Pensum ab und richten uns dabei nicht nach den Vorgaben, die in Konzernen und soliden Mittelstandsunternehmen gelten. Ich sage es mal so: Wenn ein Mitarbeiter der staatlichen Verwaltung ein Rennwochenende bei uns mitwirken würde, bräuchte er bestimmt danach vierzehn Tage Erholung. Wer eine ruhige Kugel schieben will, hat im Radsport nichts verloren. Sehr oft schon haben Leute bei uns im Unternehmen angefangen, weil sie von unseren Themen begeistert waren – aber schnell gemerkt, dass sie für das Tempo und den dauerhaften Druck eines Teams im

Profisport nicht die Richtigen waren. Das ist gut so, und ansonsten müsste man ehrlich sein. Wir können nur Mitarbeiter gebrauchen, die auf Dauer belastbar bleiben.

Man erlebt beinahe wöchentlich Dinge, die empfindliche Seelen lange aus der Bahn werfen würden. Ein Beispiel ist der Anruf eines unserer Busfahrer ganz früh im Januar 2023. Er war auf dem Weg in Richtung Mallorca, wo wir das Januar-Trainingslager im Kalender hatten. Als es Zeit für die Pause war, hatte er bei Marseille an einem Autobahnrastplatz angehalten und sich im Bus hingelegt. Das ist bei uns üblich, damit die Fahrer auf Wertgegenstände und den sehr teuren Bus mit all seinen Sonderausstattungen aufpassen. Darüber hat noch nie einer unserer Fahrer gemeckert – ein Hotelzimmer wird auf solchen Strecken nicht verlangt. Doch der Kollege wurde unsanft geweckt. Zwei Männer waren in den Bus eingebrochen und hielten ihm eine Pistole vors Gesicht. Er wurde aus dem Schlaf gerissen, brutal bedroht und gab alles heraus, was er abgeben konnte. Seinen Laptop, seine weiteren Wertgegenstände und eine ganze Menge Bargeld.

Das alles war in der Nacht passiert, der Fahrer hatte nun auch kein Handy mehr, aber anrufen konnte er mich trotzdem. Denn er hatte sich nach dem Schock wieder ans Steuer gesetzt, war losgefahren, zur nächsten geöffneten Tankstelle, hatte dort um ein Telefonat gebeten und meine Nummer gewählt. »Ich ruf schnell an, ich bin ausgeraubt worden, aber ich kriege die Fähre noch. Du kannst mit mir planen, das haut mich nicht um.« Das ist genau die Einstellung, die man im Radsport braucht. Ich bin sehr froh, dass wir solche Leute im Team haben. Es erfüllt mich mit Stolz und Dankbarkeit, dass ich diese Mitarbeiter habe.

Teamchef Ralph Denk ist ein leidenschaftlicher Arbeiter und dabei vor allem persönlich in der Lage, Widerstände schnell zu überwinden. Seine psychische Resilienz ermöglicht es ihm, auch in angespannten Lagen nicht zu zögern. Doch der Unternehmer muss auch lernen, dass sich dieser Charakter und diese Haltung nicht verallgemeinern lassen. Zwar erfordert der Radsport von allen Mitwirkenden enorme Zähigkeit und Hingabe, das schließt allerdings keine psychologischen Krisen aus. Im Umgang mit dem schwer angeschlagenen Sportler Dominik Nerz kommt Denk an seine Grenzen. Eine lehrreiche Erfahrung, um in der Organisation Strukturen zu schaffen und mehr Support für die Angestellten anzubieten, die sich in Krisensituationen befinden.

Kapitel 9

Gemeinsam größer

Ich schaue normalerweise nach vorne und schwelge nicht in Erinnerungen. Auch nach Erfolgen habe ich den Blick relativ schnell auf anstehende, zuweilen größere Prüfungen ausgerichtet. Das ist mein Naturell, das kann man mögen oder nicht, für mich kommt die strategische Perspektive oft vor dem Feiern und dem Innehalten im Augenblick. Dennoch geht es auch mir so, dass ich manchmal zurückblicke auf einzelne Momente, einzelne Phasen unseres Projekts, aus denen ich auch heute noch positive Gedanken ziehe. Eine besondere Rolle spielt dabei für mich unsere erste Teilnahme an einer Dreiwochenrundfahrt, bei der wir nicht nur weit über unseren eigentlichen Möglichkeiten agierten – sondern auch eine Hingabe und Teammentalität an den Tag legten, die für mich bis heute einfach nur geil ist. Wenn es nicht läuft, wenn der Alltag zäh ist, unsere Pläne nicht so aufgehen wie gewünscht, dann denke ich manchmal auch ein bisschen melancholisch an das Jahr 2012, an Italien und daran zurück, wie es möglich war, auf der ganz großen Bühne mitzuhalten – gegen den Widerstand der Öffentlichkeit, ohne das nötige Material, ohne die Erfahrung in solchen Situationen und mit weit weniger Ressourcen, als sie unsere Konkurrenten hatten. Aber wir hielten mit, wir schlugen uns mehr als beachtlich.

Unsere erste Teilnahme am Giro ist deshalb für mich weiterhin ein Fixpunkt: Was damals ablief, war cool. Die Dynamik und das Über-sich-Hinauswachsen von damals unterscheiden sich stark von allem, was danach kam, ja sogar von der Arbeit mit dem heutigen Team, den heutigen Profis und ihrem Erfolg auf Weltklasseniveau. Ich drücke es einmal ganz einfach aus: Heute ist die Erwartungshaltung unserer Rennfahrer riesengroß, heute suchen einige von ihnen immer wieder das Haar in der Suppe: Mal fehlt der richtige Koch, mal stimmt was mit dem Material nicht – es gibt sehr viele Gründe, warum Sportler motzen und die Stimmung mies ist. Damals war das fundamental anders. Damals gab es tatsächlich so etwas wie Dankbarkeit – weshalb ich mich bis heute so gern an diese besonderen Tage zurückerinnere. Wie schön das war! Niemand hat von uns etwas erwartet, wir selbst haben uns gefragt, ob wir auf diesem Niveau bestehen können, und wir konnten so frei aus dieser Position des Underdogs fahren, dass die Sache eine eigene Dynamik annahm. Der Giro 2012, unsere allererste Grand Tour, war nicht nur die zweitgrößte Veranstaltung unserer Sportart und damit eine enorme Herausforderung – er war auch ein Adventure-Trip, an den wir alle gemeinsam bis zum Ende unseres Lebens gern zurückdenken werden, davon bin ich überzeugt.

* * *

Los geht es schon wieder mit Problemen. Ich steige Anfang Januar 2012 aus dem Flugzeug nach Palma de Mallorca aus, unser Frühjahrstrainingslager auf der Insel steht an, ein festes Ritual. Beim Aussteigen schalte ich das Handy ein und sehe, dass ich mehrere Anrufe von Michele Acquarone verpasst habe. Acquarone ist erst seit Kurzem der Direktor des Giro d'Italia, er vertritt also auch das Unternehmen RCS, den italienischen Gegenspieler zur ASO, der mächtigen französischen Organisation hinter der Tour de France und Vuelta. Ich habe in den vergangenen beiden Jahren bei ihm und auch bei seinem Vorgänger Angelo Zomegnan unser Team vorgestellt und immer mal wieder daran erinnert, dass wir die Zukunft des Radsports in Deutschland sein wollen. Jetzt also hatte ich ihn verpasst, natürlich drückte ich sofort auf die Rückruftaste und hatte noch auf dem Weg aus dem Flieger den Strippenzieher am Telefon. Es war über Twitter in der Woche davor bekannt geworden, dass Acquarone insgesamt zwölf Bewerbungen für die vier Wildcard-Plätze zu seinem Rennen entgegengenommen hatte, eine davon hatte ich ihm zukommen lassen. Ich war überzeugt von uns, ich hatte uns wie immer hochprofessionell präsentiert, allerdings waren wir ganz sicher ein krasser Außenseiter – denn Italien ist eine Radsportnation, es gibt auf Zweitliganiveau eine ganze Reihe starker Teams und eine Begeisterung in der Bevölkerung, die man sich in Deutschland nicht vorstellen kann. Acquarone ging dran, wir verständigten uns auf Englisch miteinander, was dann immer etwas eckig klingt, aber es funktioniert natürlich besser als ich mit meinen paar Brocken Italienisch, die ich früher bei den Rennen dort aufgeschnappt hatte. »Ihr könnt zum Giro fahren«, so in etwa habe ich Acquarones klare Botschaft in Erinnerung, »aber ihr müsst gut fahren.« Wow! Das war eine Ansage, das war eine Nachricht, die ich natürlich sofort mit dem Team und den Fahrern in unserem Trainingshotel an der Playa de Palma teilen wollte, die um diese Jahreszeit so etwas ist wie eine verödete Version der Partymeile aus der Hochsaison.

Im Januar treffen sich auf Mallorca die höherklassigen Teams, es gibt nicht nur Trainingslager, sondern auch erste Testrennen. Gerade in Arenal, nur ein paar Minuten Fahrt vom Flughafen entfernt, sieht man um diese Zeit vor vielen Hotels die Busse und Betreuerfahrzeuge der verschiedenen Teams. Morgens warten die lokalen Radsportler an den Ausgängen der Teamunterkünfte, um zumindest für ein paar Kilometer mit den Stars mitzufahren. Die Infrastruktur ist voll auf Radsport ausgelegt, und natürlich findet man hier auch die Presse, die wir aus unserer Szene lesen. Am Tag nach der frohen Kunde, dem Tag nach der Bekanntgabe unserer Teilnahme am Giro, ging ich also morgens früh zu einem Zeitungskiosk und wollte wissen, wie die Reaktion auf unsere Einladung ausgefallen war. Damals war Social Media für unser Geschäft noch nicht so prägend, wie es das heute geworden ist. Der Blick in die wichtigsten Sportmedien bedeutete oft eben auch ein Studium der Tagespresse. Ganz klar, wenn es um den Giro geht, dann war das immer die *Gazzetta dello Sport*, das rosafarbene Sport-Tagesmedium, das nicht nur dem Fußball viele Seiten einräumt, sondern selbstverständlich auch vom Radsport berichtet.

Ich fand eine kleine Randnotiz über unsere Wildcard. Und dann sah ich, dass wir mittelbar etwas ausgelöst hatten, was man heute als Shitstorm bezeichnet. Denn die Entscheidung von Michele Acquarone hatte zu wildem Protest und einem leidenschaftlichen Aufschrei in Italien geführt, hatte sie doch zur Folge, dass der beste Bergfahrer aus dem Jahr 2011 sein

Trikot beim Giro nicht würde verteidigen können. Denn Stefano Garzelli, ein kahlköpfiger Kletterer mit ausgesprochen beeindruckender Karriere und einer großen Fangemeinde in Italien, war ebenso wie sein Team Acqua & Sapone nicht eingeladen – und dachte daraufhin öffentlich über seinen Rücktritt nach. Garzelli war damit ebenso wenig für den Start berechtigt wie sein Teamkollege Danilo Di Luca, und das wiederum bedeutete: Zwei der herausragenden Rundfahrer Italiens und eben auch zwei ehemalige Gesamtsieger bei dieser traditionsreichen, stolzen Veranstaltung würden sich nicht vor ihren Fans präsentieren können. »Wenn Geld wichtiger ist als sportliche Errungenschaften und jemand, der seit fünfzehn Jahren ein Protagonist von Freuden, Schweiß und Leiden ist, der für seine Fans und die Organisatoren eine Show bietet, wenn all das nicht ins Gewicht fällt – dann ist es Zeit, nicht weiter meine Familie zu vernachlässigen«, schrieb Garzelli auf seiner Website. Man kann sich vorstellen, was das in seinem Heimatland verursachte.

Doch Michele Acquarone hatte sich gemeinsam mit der zuständigen Kommission entschieden, und es gab kein Zurück mehr. Wir landeten mitten in einem historischen Umbruch, das muss man auch so sehen. Mit Acquarone war ein Manager ins Rennen gegangen, der dem Giro zu mehr internationaler Relevanz verhelfen wollte. Er war bereit, gegen die Tradition zu entscheiden, weil er den Blick auf die Entwicklung des Sports auch aus kommerzieller Sicht öffnete. Er konnte seine Entscheidung gut erklären, und er gab sich sehr viel Mühe damit, das auch zu tun. Er erläuterte, dass wir mit unserem Sponsor NetApp einen internationalen, zukunftsgewandten Konzern in den Giro bringen würden. Das war neu. Die meisten italienischen, aber auch deutschen Teams unserer Klasse arbeiten mit Sponsoren von eher regionaler, vielleicht nationaler Bedeutung. Aber aus Sicht eines Organisators ist es sicher verständlich, dass man amerikanische IT-Unternehmen eher für die Zukunft hält als italienische Drogeriemärkte. Auch wenn ich natürlich auf der anderen Seite wusste, dass die Unterstützung durch NetApp ständig auf der Kippe stand und nicht gerade eine Millionengarantie bedeutete. Nach außen jedoch sah unser Projekt eben jetzt schon recht mondän aus – und das hatte ich ja vorangetrieben, als wir noch gar kein Profiteam hatten. Außerdem konnte ich die Karte Deutschland spielen, und Michele Acquarone sah uns als einzige Möglichkeit, auf dem deutschen Markt Aufmerksamkeit zu generieren. Er erhoffte sich, mit Team NetApp auch Zugang zu Fernsehübertragungen bei den Öffentlich-Rechtlichen zu erhalten. Mit diesem Wunsch war er deutlich zu optimistisch, der Giro hat es bis heute nicht aus den Nischensendern geschafft.

Ich glaube aber, Acquarones Wunsch, den Giro weiterzuentwickeln, war für uns ein Glücksfall, und damit teilte er meine Überzeugung und Haltung. Wir waren ein gerade mal durchschnittliches Zweitligateam mit einem sehr ehrgeizigen Gründer und hatten nun die große Chance, uns auf der ganz großen Bühne zu zeigen. Ambitioniert hatte ich mich seit Jahren präsentiert. Es war sofort zu spüren, als die Nachricht im Umlauf war: Das Team erlebte einen enormen Schub, alle sprachen über ein gemeinsames Ziel. Ab dem Trainingslager auf Mallorca begannen wir allesamt, unsere Hausaufgaben noch gründlicher zu machen.

* * *

Ich glaube, dass die sportliche Seite fast einfacher war als die organisatorische. Immerhin hatten wir als Sportlichen Leiter Jens Heppner an Bord, das war jemand, der aus eigener Erfahrung wusste, wie Dreiwochenrundfahrten ablaufen. Er war als Sportler nicht nur viele Male beim Giro und bei der Tour de France gefahren, er hatte bei diesen Rennen oft auch eine prägende Rolle gespielt. Diese Erfahrung brachte ihm bei den Fahrern Gehör und Respekt ein. Was ihn besonders auszeichnete, das war seine hemdsärmelige Art. Jens war zwar ein richtig erfolgreicher Mensch, aber ihm war Glamour immer egal. Er ließ niemanden das Gefühl haben, dass er den Topsport mit seinem Glanz genossen hatte und eigentlich in einer ganz anderen Liga spielte. Nein, Jens war ein Arbeiter, einer, der den Job als Sportdirektor mit Herzblut anging, der im Auto hinter den Fahrern klatschte, der die Sprache der Fahrer sprach und sie unverblümt motivierte. Jens Heppner war es, der den sportlichen Spirit in dieser Truppe beschwor, eine Gruppe junger Männer, die teilweise noch Talente waren, teilweise seit ein paar Jahren als Domestiken im Hintergrund für ihre Teams harte Arbeit geleistet hatten. Die meisten Athleten, die er auf Mallorca auf diese Saison einschwor, hatten in ihrer Karriere noch keine dreiwöchige Rundfahrt absolviert.

Wir haben damals einen Dokumentarfilm gedreht, den es noch heute im Netz gibt. Er heißt *Against All Odds*, also »entgegen jeder Wahrscheinlichkeit«. Wir waren nicht gerade ein Favorit bei den Fans oder bei den Buchmachern, die ja die »Odds«, also die Quoten festlegen. Aber wir waren darauf aus, es allen zu zeigen. Und Jens Heppner gelang es mit den Fahrern, uns hier auf den Weg zu bringen. Die Diskussionen um unsere Qualität ebbten ab, als er mit seinem Team im März bei dem klassischen Vorbereitungsrennen Settimana Internazionale Coppi e Bartali zwei Fahrer aufs Podium der Gesamtwertung brachte: Im abschließenden Zeitfahren des einwöchigen Rennens sicherte sich unser Tscheche Jan Bárta den Gesamtsieg, dahinter kam Teamkollege Bartosz Huzarski auf Rang zwei. Mit dieser Leistung bewies das Team vor den Augen der italienischen Beobachter, dass es konkurrenzfähig war. Der beleidigte Stefano Garzelli landete im Klassement deutlich hinter unseren beiden Rundfahrt-Hoffnungsträgern, und die Kritiker verstummten.

Ohne übertreiben zu wollen, glaube ich, dass die Aufgabe für die Leute hinter den Kulissen noch viel größer war als für die Sportler und ihre Leitung. Denn die Vorbereitung auf eine Grand Tour stellte uns vor unbekannte Aufgaben. Weder ich noch jemand anders aus meiner kleinen Organisation, und da waren eben nicht viele Mitarbeiter, hatte jemals die Logistik für ein solches Rennen geplant. Es war noch das Einfachste, unsere Ausstatter davon zu überzeugen, dass sie uns unterstützen sollten. Simplon, damals noch Ausrüster, schickte uns für den Giro hochwertige neue Räder, Zeitfahrräder und Laufräder. Von unserem Bekleidungsausstatter bekamen wir schicke und wirklich gute neue Sondertrikots für Italien. Aber was wir nicht hatten, waren die Kapazitäten, dieses Material auch zu testen. Die Zeitfahrräder etwa und die Feinjustierungen hätten wir wie andere auch liebend gern im Windkanal ausprobiert, aber dafür war weder Geld noch das Personal da. Überhaupt hatte ich am ehesten damit zu kämpfen, überhaupt genug Mitarbeiter für die annähernd vier Wochen zusammenzutrommeln, die man schlussendlich gemeinsam unterwegs ist.

Damals betrug unser Budget weit unter zwei Millionen Euro. Das war so wenig, dass wir uns mit Blick auf den Giro keine Extravaganzen leisten konnten. Wir waren bekannt für unseren dezenten Auftritt, wir hatten keinen Teambus, sondern waren im Camper unterwegs. Allein schon die Fahrzeugplanung für den ersten Giro war ein richtiges Stück Arbeit. Das Rennen startete in Dänemark, auch das war Teil der Internationalisierungsoffensive der Italiener. Für ein Team mit wenig Ressourcen und ohne doppelte Fahrzeuginfrastruktur ist es eine enorme Herausforderung, bei solchen Großereignissen mit viel Reiserei überhaupt das nötige Material bereitzustellen. Ich nutzte meine Kontakte in Italien und lieh mir von Angelo Citracca, der ebenfalls ein Pro-Conti-Team beim Giro dabeihatte, einen Bus für die Zeit in Italien. Am Tag vor der ersten Etappe in Italien rissen wir die Aufkleber seines Teams und seiner Sponsoren ab und klebten unsere eigenen drauf. Unsere Flotte von Autos war so klein, dass wir oft nur mit einem Wagen im Rennen mitfuhren – Jens Heppner und ich wechselten dann sogar an solchen Tagen mit der Rolle des Manns am Steuer und Funkgerät ab.

Es wäre heute unvorstellbar, unter welchen Bedingungen wir damals an diesem sportlichen Großereignis teilnahmen. Meine liebste Anekdote: Wir hatten kein eingespieltes Betreuerteam, vielmehr hatte ich eine zusammengewürfelte Sammlung aus Tagelöhnern und Bekannten um mich versammelt. Einige hatten gar keine Erfahrung, manche waren mit niedrigklassigen Radevents vertraut, aber fast niemand kannte die Abläufe des Profiradsports. Alle gaben ihr Bestes, weil sie auch Teil dieses Projektes waren. Doch dann passierten unglaubliche Dinge. Bei einer Grand Tour brauchen Teams viele

Trinkflaschen, und ich hatte die Order ausgegeben, dass wir die bloß nicht verschwenden oder verschenken sollten. Um einen Engpass zu verhindern, kann man die Plastikbidons natürlich reinigen. Die Not machte unsere Leute allerdings zu erfinderisch, denn sie stopften die Fläschchen in die Waschmaschine unseres geliehenen Teambusses. Nach dieser gründlichen Reinigung rochen die Behälter nicht nur nach den Waschmittelresten in der Maschine, sie hatten leider auch deren Geschmack angenommen. In solchen Momenten knirschte es im Team, ich war mitunter richtig sauer, die Anspannung war groß. Doch in der Zusammenarbeit mit Jens Heppner gelang es, die Ruhe zu bewahren – und das emsige Treiben, das mitunter vorhandene Chaos hinter den Kulissen von den Fahrern fernzuhalten.

Unsere sportliche Herangehensweise an den Giro war pragmatisch. Wir wussten, dass es mindestens zehn endschnelle Teilnehmer gab, denen keiner unserer Fahrer gewachsen war – also konnten wir uns das Thema Sprintvorbereitung sparen. Wir wussten auch, dass wir bei einem Rennen auf WorldTour-Niveau in der Gesamtwertung keine Rolle spielen würden, dafür waren die Qualitätsunterschiede und die Unerfahrenheit bei uns zu groß. Also legten wir uns fest: Wir planten ein aggressives Auftreten, wollten uns in den Fluchtgruppen zeigen. Es ging natürlich darum, uns als Team vor den Augen der Organisatoren, der Medien und der Fans zu präsentieren, den Namen des Sponsors ins Gespräch zu bringen. Das würden wir bei diesem Giro tun, so der Plan. Ich hatte allerdings Bedenken, dass uns dieser forsche Auftritt überfordern und zu viel Kraft kosten könnte, um die drei Wochen zu überstehen. Heppner sah das ähnlich, aber wir hatten ehrlicherweise keine Alternative.

Doch es kam Euphorie auf. Oft weiß man nicht so genau, woran es liegt, wenn es gut läuft – genauso ist das dann auch, wenn plötzlich Misserfolg auftritt, Ernüchterung eintritt und man es sich nicht so recht erklären kann. Damit muss man leben. Aber die Basis ist schon enorm wichtig, die Einstellung. Jens Heppner hatte das Teambuilding betrieben, er hatte motiviert, den Jungs den Glauben gegeben. Nach einer Woche im Rennen waren manche Beine zwar müde, aber viel wichtiger war die Einsicht, dass wir beim Giro mithalten konnten, dass wir keinen Klassenunterschied feststellten. In der zweiten Woche gelang Bartosz Huzarski bei der Bergankunft in der verwinkelten Altstadt von Assisi der zweite Platz unter blauem Frühsommerhimmel – nur geschlagen von Joaquim Rodríguez, der für diese Art Finish damals das Maß aller Dinge war. Auch Jan Bárta lieferte eine großartige Leistung, er flüchtete die Hochgebirgsetappe mit Ziel in Cervinia – wurde allerdings noch von Andrey Amador aus dem Weltklasseteam Movistar gestellt. Natürlich hätten wir lieber einmal gewonnen, als zweimal mit einem zweiten Platz vorliebnehmen zu müssen. Aber am Ende dieser drei Wochen blieb vor allem ein immenser Stolz, denn unser Team hatte gelernt, sich auf diesem Niveau einzugewöhnen. Als wir aus Italien abreisten, fühlten wir uns alle wie Sieger. Aber dies sollte noch nicht das Ende der Fahnenstange sein, das schwor ich mir. Blöd nur, dass wir im Jahr darauf keine Einladung mehr zum Giro erhielten.

Ich bleibe dabei, dass der Giro 2012 gefühlsmäßig das Geilste war, was ich im Laufe dieser Jahre im Profisport erlebt habe. Es war auch eine enorm lehrreiche Zeit, eine Erfahrung, auf die ich mich nicht nur für den Stolz oder für positive Erinnerungen berufen kann. Es ist eben auch eine Erfahrung, die bis heute lehrreich ist und der ich immer wieder etwas ableiten kann. Eine der wichtigsten Erkenntnisse dabei: Gemeinsam ist man größer. Das würde sich, wieder in Italien, ein Jahrzehnt später beweisen.

***

Es war ein Werktag im März 2022, über der Po-Ebene lag wie so oft im Frühjahr Nebel, es nieselte, es war ungemütlich kalt. Unsere Fahrer schauten skeptisch, es war ganz sicher kein Tag, an dem sie das Gefühl hatten, an etwas Großem mitzuwirken. Es gab kritische Töne. Was machen wir hier? Warum stehen wir an roten Ampeln und schauen uns im Berufsverkehr Hauptstraßen in Norditalien an? Zu diesem Zeitpunkt war zwar schon die Rede vom »Turin-Plan« gewesen, aber was das genau bedeutete, davon hatten die Athleten damals keinen Eindruck. Ich war mit dabei, als wir durchs Turiner Stadtgebiet und die Hänge drum herum fuhren, und auch ich fand es schwer zu begreifen, dass diese Arbeit wichtig war. Die Fahrer leisteten entscheidende Vorbereitungen für den größten Erfolg unserer Teamgeschichte, aber an diesem Frühjahrsmorgen konnte man das nicht realisieren.

Hinter dem »Turin-Plan« steckte Enrico Gasparotto, der neue Sportliche Leiter bei uns im Team, dessen Arbeit auch zeigt, wie weit wir im vergangenen Jahrzehnt gekommen sind. Beim Giro 2022 nahmen wir nicht nur selbstverständlich teil, weil wir ja seit der Ära Sagan in der obersten Radsportliga mitwirkten. Nein, wir fuhren auch mit einer klaren Ansage nach Italien: Wir wollten einen unserer Fahrer auf den Gesamtsieg hin entwickeln, ohne einen Plan B zu verfolgen. Das war das erste Mal in unserer Laufbahn, dass wir uns ausschließlich auf eine Topplatzierung in der Endabrechnung konzentrierten. Wir hatten keinen Sprinter dabei, aber drei Kapitäne fürs Gesamtklassement, und alle drei hatten schon richtig was gerissen: Wilco Kelderman, Jai Hindley und Emanuel Buchmann. Einer von ihnen würde sich im Laufe des Giro als unser Topfahrer herausschälen, und alle anderen würden für seinen Angriff aufs Podium Teamarbeit leisten.

Dieser Giro 2022 begann also unter ganz anderen Vorzeichen als unser erster zehn Jahre zuvor. Wir hatten ein Team, dessen Budget in einer ganz anderen Dimension lag als dazumal mit NetApp. Unsere Fahrer waren Stars mit hohen Ansprüchen. Aber Enrico Gasparotto beeindruckte uns alle mit seiner Art. Er war unser Mann für den Giro und kniete sich so tief in die Materie, dass wir alle staunten. Diese Leidenschaft, diese Ernsthaftigkeit in der Vorbereitung auf das Ziel steckte an. Es war deswegen schon vor unserem Teambesuch in der piemontesischen Hauptstadt klar, dass es einen »Turin-Plan« gab. Aber was das genau bedeuten sollte, begriff in diesem Moment kaum jemand. Es hätte vielleicht auch überfordert. Es war aber wichtig, sich an diesem trüben Morgen die Route anzuschauen.

Noch am Morgen vor der 14. Etappe wirkte die Sache für manchen wohl zu groß. Heute ist D-Day, gab Enrico vor, und manche schauten wieder skeptisch drein. Der Plan war: An diesem Tag, auf einem untypischen Profil mit viel Auf und Ab rund um Turin als Mannschaft geschlossen immer wieder in die Attacke zu gehen und die Widersacher ums Klassement unter Stress zu setzen. Der »Turin-Plan« sah vor, dass unser Team sich kollektiv in die Offensive begeben und dadurch Verwerfungen im Peloton provozieren würde, von denen sich die anderen nicht erholen sollten. Dafür war Straßenkenntnis wichtig, wo standen welche Anstiege an, aber natürlich überhaupt der Gedanke, dass man hier einen echten strategischen Ansatz verfolgte. Da waren also dennoch morgens vor der Etappe die Zweifel, die Gasparotto ausräumen musste. Ob der Plan nicht zu riskant sei, zu kraftraubend mit Blick auf die kommende und damit letzte Giro-Woche?

Im Nachhinein werden alle froh sein, dass die Skepsis sich nicht durchgesetzt hat. In Turin zeigten wir ein Rennen, das sowohl die Fernsehkommentatoren als auch die schreibenden Journalisten zu Superlativen veranlasste. Die Sonne knallte auf Norditalien, und wir drückten aufs Tempo. Das Feld zerfaserte, und die Widersacher im Kampf um den Gesamtsieg gerieten in Schwierigkeiten. Dieser Tag hat Kraft gekostet, aber wir haben daraus neue geschöpft – die anderen Teams haben, da bin ich sicher, einfach Kraft (und Moral) eingebüßt. Als wir gemerkt haben, dass wir den besten Gegnern auf diesem Niveau mit einer solchen Mannschaftsleistung wehtun können, da haben wir alle gemeinsam einen Meilenstein überschritten. Das war wieder großer Teamgeist in Italien.

* * *

In Italien triumphierte ich mit meiner Mannschaft 2022 zum ersten Mal bei einer Grand Tour. Alle Hoffnungen erfüllten sich. Der Plan ging auf, nicht nur in Turin. Die Motivation in unserem Team war so hoch, weil wieder etwas gestimmt hat. Ich finde es wichtig zu sehen, wie viele Widerstände dafür zu überwinden sind. Denn eine Dreiwochenrundfahrt ist eben nicht nur die Action im Sonnenschein von Turin mit Happy

End, das ist auch stundenlanges Herumfahren von A nach B, das ist Warten auf den Start vor nur sehr wenigen Zuschauern an einem Dienstag- oder Mittwochmorgen, das sind Stürze, Probleme mit dem Material, Erschöpfung und psychische Herausforderungen für die Fahrer. Wenn es den sportlich Verantwortlichen gelingt, in dieser anspruchsvollen Kombination die Teammotivation über allem zu fördern, sie aufrechtzuerhalten oder noch zu steigern, dann ist das fantastisch. Es ist allerdings auch so: Es gibt dafür kein Patentrezept und kann immer auch schlecht laufen. Damit muss man rechnen.

Beim Giro 2022 war das Teamwork außergewöhnlich. Jai Hindley, den wir als Siegaspiranten geholt hatten, zeigte bei der Bergankunft am Blockhaus seine Stärke. Ab da war er unser Mann für den Giro, und die anderen akzeptierten das. Wir hatten dazu Lennard Kämna, der in diesen drei Wochen überragende Arbeit für das Team leistete und sogar eine eigene Etappe am Ätna gewann. Lennard war es, der am entscheidenden Tag Jai Hindley enorm dabei half, Richard Carapaz abzuhängen, seinen letzten verbliebenen Rivalen. Am Berg in den Dolomiten ging es natürlich um Physis, aber wenn ich mir noch mal diese Bilder anschaue, sehe ich auch, wie ein Team in der Zusammenarbeit den Kapitän des Gegners bezwingt. Das war überragend.

Am Vorabend des größten Triumphs unseres Teams war ich mir aber immer noch nicht sicher, dass wir es schaffen würden. Vor dem Abschlusszeitfahren in Verona hatte Jai zwar einen soliden Vorsprung, aber es kann ja immer etwas passieren. Ich hatte auch nach dem Auftritt in Turin noch nicht das Gefühl gehabt, dass wir durch waren. Ich bleibe bei so etwas immer vorsichtig. Denn eines steht auch fest: Man kann noch so gut planen – Glück und Pech liegen im Radsport immer eng beieinander. Das ist im Geschäftsleben oft einfacher. Was wäre gewesen, wenn Jai Hindley in der letzten Woche erkrankt wäre? Hätten die Medien dann auch über unsere Strategie gejubelt, unseren Stil gefeiert?

Einen Tag später saß ich dann im Auto von Verona nach Raubling. Wir hatten es tatsächlich geschafft. Im Amphitheater von Verona hatte Jai Hindley nicht nur das Rosa Trikot übergestreift, er hatte auch den Pokal des Giro in die Höhe gereckt. Was für eine Genugtuung. Wir haben danach nett gefeiert, in einer pittoresken Trattoria, mit den Sponsoren, mit dem Team, nichts Wildes. Es war eine Genugtuung. Aber jetzt war es Zeit weiterzumachen.

Ich setzte mich ins Auto, nahm meine geschätzte Kollegin Melanie aus dem Marketing mit, und wir redeten über den Erfolg, doch ich plante schon wieder die nächsten Schritte. Der Giro markiert nicht einmal die Halbzeit der Radsportsaison. Auf Erfolg ausruhen ist keine gute Idee. Manche Leute sagen, ich könne den Erfolg nicht genießen. Aber ich sage: Das stimmt nicht. Ich bin froh, dass ich für die Zukunft diese Erlebnisse von Teamgeist in Italien habe, aus denen ich schöpfen kann. Es ist nicht so, dass man einen positiven Lauf planen kann. Aber man kann akribisch an den Grundlagen feilen und die Leute mitnehmen. Wenn auf diese Weise Begeisterung und Gemeinsames entsteht, steigen die Chancen auf jeden Fall, dass auch der Erfolg eintritt – zumindest aber eine Gruppendynamik, in der alle alles geben. Wenn eine solche Dynamik im Team entsteht, will ich darauf vorbereitet sein und den Moment nutzen.

Besondere Teamleistungen entstehen oft in extremen Situationen und stellen viel Energie zur Verfügung, von der man zehren kann. Ralph Denk machte beim Giro d'Italia die bis heute eindrücklichste Erfahrung: Seine als Underdog angereiste Mannschaft trotzte den Umständen und gewann dadurch an Standing und Sicherheit, um sich auf höchstem Niveau zu behaupten. Diese kollektive Leistung ist für Denk ein Zielwert. Auch den größten Triumph seiner Mannschaft erlebte Denk in Italien, und wieder war die Zusammenarbeit im Team das Ausschlaggebende. Solche Situationen muss man kreieren und sie dann auch nutzen.

Kapitel 10

Entwicklung als Wert

Sie werden es mittlerweile mitbekommen haben. Ich bin – wie mein Freund Willi Bruckbauer von BORA – ein Revoluzzer, wenn mir Sachen wichtig sind. Ich bin keiner, der die Dinge so macht, wie sie immer schon gemacht wurden. Das liegt mir überhaupt nicht und war schon zu Schulzeiten so, das bleibt für mich ein wichtiger Charakterzug. Damit ecke ich an. In der Hauptschule, weil ich dem Lehrer sage, dass ich mehr verdienen will als er. Seitdem passiert das immer wieder, weil ich die Dinge, die mir wichtig erscheinen, durchdenke und dann entwickeln möchte. Deswegen mag ich keine Abläufe, die einfach so gemacht werden, weil es halt so ist. Wenn mich jemand auf eine Hochzeit einlädt, und sei es eine mir nahestehende Person, kann es sein, dass ich nicht dorthin gehe. Das mag unhöflich wirken, vielleicht sogar beleidigend, aber ich habe meine Gründe dafür. Es ist gut möglich, dass mir etwas anderes an dem Tag wichtiger ist, und dann entscheide ich mich gegen dieses Fest. Die Ehe ist für mich eine traditionelle Einrichtung, die aus meiner Sicht keinen Sinn ergibt. Es hat sich gezeigt, dass sie nicht zu den Ergebnissen führt, die wir uns erhoffen würden. Deshalb lehne ich sie bis heute ab, was auch zu Diskussionen mit meiner Partnerin führt. Ich habe nichts dagegen, dass meine Freunde, meine Verwandten, meine Fahrer heiraten – das ist ja ihre Sache, und dafür gibt es sicher viele gute Gründe. Ich selbst habe nie geheiratet, aber gute Partnerschaften geführt. Ich habe mit zwei Frauen fünf Kinder bekommen und lebe in einer sehr guten Partnerschaft. Wenn jemand von außen sagt, dass das ungewöhnlich, instabil ist, dann würde ich hart dagegenhalten. Es gibt gute Gründe, warum man mit Traditionen brechen kann, zumindest aber eine Weiterentwicklung vorantreiben sollte.

Wenn ich auf die Mannschaft schaue, die ich zuerst und dann wir gemeinsam bei BORA – hansgrohe aufgezogen haben, bin ich froh, dass wir viele alte Traditionen überwunden und neue Entwicklungen vorangetrieben haben. Darum geht es, und das ist auch etwas, das Menschen aus dem Sport bei uns erkennen: Wir haben neue Wege gewählt und Mittel sehr effizient eingesetzt, um unsere Ziele zu erreichen und weiterzukommen. Im Jahr 2021 gab es eine große Story, die zeigt, wie weit wir es gebracht haben. Patrick Lefevere, so etwas wie der Patron des belgischen Radsports und Teamchef vom heute als Soudal Quick-Step bekannten belgischen Toprennstall hatte damals auf der Suche nach Sponsoren eine öffentliche Diskussion losgetreten, in der BORA – hansgrohe die Hauptrolle übernahm. Lefevere war auf der Suche nach einem neuen Geldgeber, er malte das Aus des Teams an die Wand, und ich bot ihm hinter verschlossenen Türen die Übernahme von vier seiner Fahrer an, sofern er eben keine Finanzierung mehr auf die Beine stellen würde. Daraus machte er – gewiefter und gut verdrahteter Medienmann in Flandern – eine ganz andere Nummer: Ich hätte eine Übernahme des traditionsreichen Teams aus Belgien ins Spiel gebracht. Das war grotesk und hätte sowieso nicht funktioniert, denn dann hätte ich ja zwei Teamlizenzen halten müssen – was gemäß unseren Statuten nicht geht. Lefevere nutzte offensichtlich das Theater, dass die aufgebrachte belgische Medienöffentlichkeit veranstaltete, und fand einen neuen, zweiten Hauptsponsor. Ich war und bin immer noch angepisst von diesem Vorgehen – anders kann man das nicht sagen –, zumindest in dieser Sache – ansonsten kann ich Patrick schon noch gratulieren, wenn etwa einer wie sein vermeintliches Jahrhunderttalent Remco Evenepoel die Spanien-Rundfahrt gewinnt oder Weltmeister wird. Um ebendiesen Fahrer mit enormem Zukunftspotenzial war es damals in der medialen Auseinandersetzung ja auch gegangen, plötzlich galt ich als der baldige Teamchef des belgischen Hoffnungsträgers auf den ersten Tour-de-France-Sieg seit Eddy Merckx. Das war absurd. Aber es zeigt mir auch: Draußen in der Topliga des Radsports hält man es für möglich, dass Ralph Denk eines der erfolgreichsten Teams der Radsportgeschichte gleich ganz übernimmt. Das ist eine Subbotschaft, die mir natürlich gefällt. So weit bin ich schon gekommen, so viel größer ist meine Karriere geworden als das, was man mir in der Hauptschule vorhergesagt hätte.

Es ist mein Ziel, die attraktivste Marke im Radsport zu betreiben. Das ist gar nicht mal so einfach, denn diese Disziplin ist sehr volatil, weil Sponsoren kommen und gehen. Wir haben keine Strukturen wie andere Mannschaftssportarten, wo eine Stadt oder ein Verein die Identifikation bringen. Wir sind schwieriger zu greifen, wir könnten in zwei Jahren ganz anders heißen, wir haben ja schon vielfach andere Namen gehabt. Diese strukturelle Schwäche, die in unserem Sport tief verankert ist, schränkt uns ein. Ich möchte es anders haben, ich schiele auf die anderen Sportarten und halte es für ein übergeordnetes Ziel, die Marke und auch die Werte meines Unternehmens so auszubauen, dass die Menschen da draußen, aber natürlich auch meine Mitarbeiter davon nicht nur erreicht, sondern überzeugt werden. Das mag jetzt abgehoben klingen für jemanden, der früher an Fahrrädern geschraubt hat und heute Sportler in Rennen schickt, aber für mich hat das unternehmerische Ziel langfristig Priorität. Wir brauchen natürlich die Traditionen des Sports, den Mythos der Tour, den Reiz der Frühjahrsklassiker, die Begeisterung der Fans. Aber wir brauchen eben auch neue Ideen, um eine nachhaltige Perspektive für unsere Teams zu schaffen – und Organisationsstrukturen, die dann aus sich selbst wachsen.

Als Teamchef arbeite ich tagtäglich in einem Wettbewerb mit siebzehn anderen Teams auf dem Niveau der WorldTour, allerdings drängen von unten natürlich auch immer ambitionierte Zweitligisten wie einst NetApp-Endura ins Geschäft. Mein Job für die kommenden Jahre ist es deshalb, die wirtschaftliche Konkurrenzfähigkeit zu stärken und zu erhalten. Mein Vorbild ist gerade mal eine kurze Autofahrt von uns in Raubling entfernt. Ich bin kein Fußballfan, aber der Weg des FC Bayern imponiert mir. Der Verein hat es geschafft, die Champions League ohne Ölinvestoren als Gesellschafter zu gewinnen. Auch wenn die Bayern natürlich eine Multimillionentruppe mit zugkräftiger Sponsoren- und Anteilseignerstruktur sind, bleibt der deutsche Rekordmeister bis heute prinzipiell ein Verein in den Händen der Mitglieder. Das finde ich geil, anders kann ich es nicht ausdrücken. So etwas möchten wir auch im Radsport erreichen, eine Art Verein, mit der sich die Menschen identifizieren – Fans, heranwachsende Sportler, Sponsoren. Eine Landschaft von Sponsoren aufbauen, die langfristig hinter meinem Unternehmen stehen, das ist meine Idee auch für den Radsport.

Wenn ich heute an angestrebte Erfolge der Zukunft denke, wäre es natürlich leicht, den Sieg bei der Tour de France als Ziel zu nennen. Da bin ich allerdings sehr vorsichtig. Wir haben den Giro mit einem perfekten Zusammenspiel aus Individuum, Team und Umständen gewonnen. Da gehört auch Glück zu. Es ist noch einmal viel schwieriger, die Tour zu gewinnen. Das ist und bleibt mein Jugendtraum, aber es ist nicht das Ziel, an dem ich unseren Erfolg messen möchte. Zu viele Faktoren spielen rein, gerade auch die Ungleichheit hinsichtlich der wirtschaftlichen Rahmenbedingungen der einzelnen Teams lässt mich hier nicht den Sieg in Paris als nächstes Etappenziel postulieren. Klar: Größer werden, weiterkommen, das ist wichtig.

Und so lautet eben mein Ziel, die attraktivste Marke im Radsport aufzubauen. Diese Marke wird uns langfristig Sicherheit bieten und ein anderes Standbein schaffen, uns weniger abhängig machen von einzelnen Sponsoren. Wenn man sich in der Vergangenheit des Radsports umschaut, gibt es zwar viele großartige Geschichten und Helden, aber es wirkt völlig beliebig, welcher Sponsorenname in welchem Jahr gerade auf welchem der vielen bunt bedruckten Trikots stand. Ich bin sicher, dass es zunehmend Unternehmen geben wird, die auch das Umfeld ihres Marketinginvestments genauer unter die Lupe nehmen. Da geht es dann eben nicht nur darum, dass sie viel TV-Zeit oder sportliche Erfolge einkaufen, sondern sich auch mit einem sportlichen Unternehmen einlassen, das zu ihren

Werten passt. Ich weiß inzwischen, dass BORA – hansgrohe als Marke in der Radsportwelt eine besondere Wertschätzung bei Fahrern und Managern, bei Mitarbeitern und Partnern aufgebaut hat. Wir sind nicht der verlängerte Arm eines Ölstaats, der mit Unsummen an die Spitze strebt. Wir sind ein verlässlicher, ehrgeiziger und korrekter Partner, der für Leidenschaft steht und für eine Kultur, die nicht mit dem Rennergebnis oder mit der Saisonplanung endet.

Wir haben eine solide Basis, die viel mit den »guten alten Werten« des deutschen Mittelstands gemein hat. Verlässlichkeit, Solidität, Planbarkeit, Qualitätsbewusstsein und Leistungsorientierung – das waren mal Begriffe, die für »Made in Germany« standen und die ich weiterhin damit verbinde. Das möchte ich gern als Grundlage weiterer Entwicklung nehmen. Dann bin ich mir sicher, dass unser Radsportteam eben auch für Talent nicht nur attraktiv sein wird, sondern tatsächlich cool. Was drum herum im Arbeitnehmermarkt geschieht, wird auch für Radsportler und die vielen Menschen in unserem Umfeld bedeutsam sein. Der Wunsch nach Werten, nach Sinn in der Arbeit, das wird auch den Profisport erreichen. Kurzum: Ich halte es für sehr wahrscheinlich, dass nachwachsende Radsportlergenerationen lieber bei ähnlicher finanzieller Ausgangslage in einer mittelständischen Unternehmensstruktur fahren als in einem globalen Konglomerat, das von Öl-, Gas- oder Regimemillionen lebt.

Damit rede ich nicht von Traditionalismus. Vielmehr geht es darum, einen Markenkern zu pflegen und darauf etwas aufzubauen, das die Mitarbeiterinnen und Mitarbeiter mitreißt, das sich aber auch draußen in der Welt leicht verstehen lässt. Mein ideales Beispiel für ein solches Unternehmen ist Red Bull, das

Dieter Mateschitz in Salzburg zu einer globalen Marke aufgebaut hat. Wer einmal die Unternehmenszentrale besucht hat, kommt aus dem Staunen kaum mehr raus. Die Menschen, die da arbeiten, wirken auf mich attraktiv, sie strahlen Begeisterung für ihre Marke aus, sie werben letztlich als Angestellte jeden Tag für ihren Arbeitgeber – das ist »Employer Branding«, über das so oft gesprochen wird. Es ist in diesem Zusammenhang zu sehen, dass wir im Jahr 2023 erstmalig gemeinsam mit Red Bull auf die Suche nach Talenten für den Nachwuchs gegangen sind, und dahinter steckt mehr als ein Marketinggag. Es ist die Weiterentwicklung meines frühen Ansatzes, Talente zu entdecken, die die klassischen Strukturen unseres Sports noch nicht auf dem Schirm haben. Mit Red Bull und den Marktführern Strava und Zwift machen wir uns auf die Suche nach jungen Fahrern, die sich über Bestleistungen auf festgelegten Strecken in der echten oder in der virtuellen Welt für unser Nachwuchsteam empfehlen. Das ist reales, kluges Scouting für unser Team Auto Eder – und wir sind sehr stolz, dass Red Bull seine Strahlkraft erstmals auch für ein Straßenradsportprojekt zur Verfügung gestellt hat. Hier geht es darum, echte Talente zu finden, die das Zeug für den Spitzensport mitbringen.

Man weiß inzwischen, dass wir diesen Ansatz zum Einbinden von Talenten ernst meinen. Dafür ist Anton »Toni« Palzer das beste Beispiel, von dem wir überzeugt waren, obwohl er schon achtundzwanzig Jahre alt war, als er bei uns einstieg. Der Neuprofi im fortgeschrittenen Alter durchstand gleich seine erste Rundfahrt nach dem Wechsel vom Skibergsteigen und Berglaufen aufs Rennrad überaus respektabel, er machte Schlagzeilen, die Fans waren fasziniert. Da ist einer, der seine Karriere tauscht, der von der Weltspitze in der einen Sportart auf Azubistatus in der anderen wechselt. Klingt wie ein Gag, könnte man sagen, doch nach zwei Jahren in unserem Team hat Anton seinen Vertrag vor der Saison 2023 verlängert. Er entwickelt sich sportlich weiter, er bringt dem Team viel – und er verkörpert den Enthusiasmus, der andere mitreißt. Das zeigt: Denken *outside the box* ist für mich keine Phrase, sondern ein Anspruch. Wir haben auch Ben Zwiehoff im fortgeschrittenen Alter aus einer anderen Disziplin zu uns geholt: Er wechselte mit sechsundzwanzig vom Mountainbike auf die Straße und schaffte es gleich im ersten Jahr bei der Vuelta nicht nur durchzuhalten, sondern dem Team wertvolle Hilfe zu leisten.

Ich halte es für wichtig, dass eine Mannschaft immer die Entwicklung im Auge behält und hierbei auch möglichst objektive Erkenntnisse nutzt, um Chancen zu erkennen. Das war bei Anton Palzer und Ben Zwiehoff so, die beide aufgrund ihrer Potenzialanalyse durch unsere Experten überzeugten. In einem anderen Fall musste ich mich mit der Analyse auch gegen größere Widerstände bei uns im Team behaupten, um einem unserer größten Talente seinen bislang wichtigsten Erfolg zu ermöglichen. Aber auch hier gab es eine professionelle Herangehensweise an die Entscheidungsfindung, mit der ich weiterhin sehr gut leben kann.

Die Rede ist vom Gesamtsieg, den Max Schachmann für uns während des Ausbruchs der Coronapandemie in Europa bei der renommierten, einwöchigen Rundfahrt Paris–Nizza erreichte. Ich war nicht in Frankreich, als das Team sich bei Paris für diese Woche versammelte und in den Medien immer stärker über die mögliche Gefahr durch das neuartige Virus berichtet wurde. Ich war auch nicht da, als Max direkt bei der Auftaktetappe in Plaisir westlich der französischen Hauptstadt ein etabliertes Feld schlug und im Sprint den Sieg erreichte. So zog er das Gelbe Trikot über, ausgegeben vom selben Organisator, der auch die Tour de France veranstaltet. Für mich war ab dem Moment selbstverständlich, dass es für Max um den Erfolg am Ende der Woche ging – und für uns um die Chance auf den ersten Rundfahrtsieg auf WorldTour-Level. Von Bayern aus versuchte ich, positive Botschaften beizusteuern, doch etwas anderes hielt die Leute in Atem.

Denn die Diskussionen um Corona als Gefahr für Leib, Leben und Gesellschaft nahmen in dieser Woche dramatisch zu. Tatsächlich waren sieben Teams gar nicht erst bei der Tour angetreten. Hinter den Kulissen gab es auch bei uns einige, die Angst hatten, die sich Sorgen machten oder die es für falsch hielten, den Wettkampf fortzusetzen. Als Unternehmenschef versuchte ich, einen nüchternen Blick auf die Lage zu bewahren. Eine Entscheidung sollte man nicht aus dem Bauch heraus treffen, und wenn man sich mit der Materie nicht auskennt, umso weniger. Ich halte nichts davon, basierend auf medialen Horrorszenarien meine eigenen unternehmerischen Taten zu rechtfertigen. Stattdessen beauftragte ich ein Risk-Management-Unternehmen, das zur selben Zeit auch für Großkonzerne arbeitete. Die Berater nutzten Datenanalysen und Statistiken, um die damals realistischen Gefahren der Coronawelle möglichst objektiv einzuschätzen – in Anbetracht der damals sehr unklaren Lage mein Ansatz für ein gewissenhaftes Vorgehen. Es war mir damals wichtig, rational beraten zu werden. Wir kamen dann aber zum Schluss: Die von den Medien losgetretene Welle ist viel größer als die Gefahr, die womöglich während der Rundfahrt für unser Team gilt. Auch hielt man es in der Analyse mit Blick auf die Gesellschaft für irrelevant, ob wir nun unseren Sport ausübten oder nicht. Also war argumentativ nichts gegen den Versuch einzuwenden, dass Max bis nach Nizza das Trikot des Gesamtführenden verteidigte. Das war mir wichtig, das war Max wichtig, aber es sorgte weiterhin für hitzige Diskussionen hinter verschlossenen Türen. Mein Fehler damals war, dass ich nicht ins Auto gestiegen bin, um die Sache in Frankreich persönlich mit den Leuten zu besprechen – ein Fehler in der Kommunikation. Denn in der Sache bin ich fest davon überzeugt, die richtige Position vertreten zu haben. Das sahen nicht alle so, ein Mitarbeiter reiste vorzeitig ab und hat uns mittlerweile verlassen. Max Schachmann allerdings siegte am Ende der Woche – und ich hoffe, er hat verstanden, was das Team für einen Beitrag dazu geleistet hat, ihm diesen Erfolg unter widrigen Rahmenbedingungen zu ermöglichen.

* * *

Der Radsport hat viel dazu beigetragen, als windiges Geschäft verstanden zu werden. Ich möchte hingegen ein Unternehmen entwickeln, in dem Menschen ihr Potenzial ausschöpfen und sich weiterentwickeln. Ich bin stolz darauf, dass ich – inzwischen darf ich wirklich »wir« sagen – so weit gekommen bin. Heute haben wir, wenn man sich hinter den Kulissen umschaut, mit Akribie sehr viel Expertise versammelt. Wir haben mit Dan Lorang einen der angesehensten Performance-Experten für die Athleten im Team. Ich bin Enrico Poitschke sehr dankbar, er hat mir viele Jahre als Sportlicher Leiter enorm geholfen. Ich freue mich immer wieder über den Austausch mit Rolf Aldag, mit dem wir nun in eine neue Ära eingetreten sind. Das Spannende daran ist auch, wie er mit den Fahrern spricht.

Obwohl Rolf ja selbst einer vom alten Schlag ist, die fünfzig längst überschritten hat und durchaus einige Falten im Gesicht, kommuniziert er mit jungen Fahrern herausragend. Das ist ein Stil, der wichtig ist, wenn es um das Weiterentwickeln geht. Wir haben als Team die Aufgabe, unsere Fahrer und anderen Mitarbeiter einzubinden, ihnen Dinge zu erklären und uns dafür Zeit zu nehmen. Im althergebrachten Radsport hat man mehr mit Ansagen gearbeitet. Heute ist es bei uns wie in zeitgemäßen Unternehmen draußen. Es ist sinnlos, jemandem zu sagen: »Du Depp, du bringst es nicht, ich suche mir jemand anders.« Nein, es ist unsere Aufgabe, der Jugend zu zeigen, wie Dinge funktionieren – und uns dabei Zeit zu nehmen. Rolf macht das. Er spricht die Sprache der Jugend, er kann mit seinen Fahrern über die Videos sprechen, die sie sich auf TikTok anschauen. Das ist glaubwürdig, das ist eine Gabe. Wer so mit jungen Mitarbeitern kommuniziert, baut etwas auf. Rolf hat auch einen Entscheidungsstil verankert, der uns weiterhilft. Er lässt das Team an Beratungen vor Entscheidungen teilhaben, nimmt Argumente auf, gibt seinen Gesprächspartnern immer das Gefühl, dass sie bei der getroffenen Entscheidung wirklich mitgewirkt haben. Das ist eine große Stärke. Die Impulse, die ich mir von Rolf Aldag erhofft habe, sind tatsächlich gekommen. Es war eine unpopuläre, harte Entscheidung für mich, ihn gegen seinen Vorgänger auszutauschen. Aber es gibt einen Grund dafür: Unser Team muss sich weiterentwickeln.

Als Peter Sagan unser Team verließ, hatten wir die ideale Gelegenheit für eine neue Entwicklungsstufe. Das klingt im Nachhinein visionärer, als es damals war. Damals gab es schlichtweg keinen freien Superstar auf Sagans Level, den wir uns hätten leisten können oder der uns weitergebracht hätte. Ich will niemals ausschließen, dass wir in Zukunft noch mal einen solchen Star zu uns holen. Aber der Weg, den wir seitdem beschritten haben, der hat schon einen großen Reiz. Wir haben Fahrer geholt, die eben noch nicht auf dem höchsten Level angekommen waren – die aber allesamt in ihrer Laufbahn nicht nur riesiges Potenzial gezeigt hatten, sondern auch in den Bewerbungsgesprächen charakterlich voll überzeugt haben. Als wir im Budget die Möglichkeit hatten, statt eines Fahrers mehrere für dasselbe Geld zu finanzieren, haben wir genau hingeschaut. Gibt es Leute, die man wenig pushen muss, die eine hohe Eigenmotivation haben – eine Motivation, die man weniger von Profis kennt, sondern eher von Nachwuchssportlern, die noch ganz nach oben wollen? Die Art, wie wir den Kader nach dem Ausstieg von Peter Sagan umgebaut haben, fußt auf einem intensiven Auswahlverfahren und offenem Austausch. Es ging mir besonders darum, die Eigenmotivation und charakterliche Entwicklungsfähigkeit der Kandidaten zu prüfen. Mit Sergio Higuita, Aleksandr Vlasov und Jai Hindley haben wir drei Rundfahrer zu uns geholt, die sich nicht verbiegen müssen, um ihrer Rolle gerecht zu werden. Es sind drei junge Männer, die ihren Job lieben – und das ist auch im Profigeschäft alles andere als selbstverständlich. Es geht darum, dass diese Männer als Mitarbeiter eine Identifikation mit dem Unternehmen aufbauen, dass sie charakterlich in der Lage sind, auch andere mitzureißen. Nach einem Jahr Zusammenarbeit mit allen dreien ist für mich klar: Nicht nur wegen Hindleys Giro-Sieg geht diese Strategie auf. Die drei haben sich sofort entfaltet, und damit entfalten sie auch Kraft in ihrem Umfeld.

Das Radsportunternehmen, das mir vorschwebt, pflegt eine Kultur der Verantwortung. Ich versuche, das jeden Tag vorzuleben und bin fast immer im Einsatz. Ich bin auch nahbar. Man kann mit mir sprechen, man kann auch mit mir diskutieren. Es ist wichtig, dass unsere Leute im Radrennen an der Strecke offen und dezentral kommunizieren. Ich halte gar nichts davon, alles von oben vorzugeben. Wenn ein Team die Informationen und Ideen der Leute an der Basis nicht ernst nimmt, sie nicht berücksichtigt, ist es meistens schon zum Scheitern verurteilt. Ganz praktisch bedeutet das bei uns, dass alle Leute mit dem Handy bei Rennen dazu aufgerufen sind, ihre Beobachtungen und Ideen auch zu teilen. Daraus entwickelt sich ein neues Bild, die Möglichkeit, an die Lage angepasst eine neue Strategie zu wählen. Überträgt man das aus einem Rennen auf unsere Gesamtphilosophie, dann wünsche ich mir mündige Mitarbeiter, die Verantwortung übernehmen. Sie sollen eben nicht nur den vorgegebenen Plan erfüllen, sondern denken, diskutieren, auch mal auf den Tisch hauen. Was mich beispielsweise sehr ärgert, ist die Haltung routinierter Fahrer, die dem Nachwuchs lieber nicht alles erklären wollen. Klar, sie haben letztlich Angst um ihren eigenen Platz im Team, wenn die jüngeren Fahrer besser werden. Aber viel entscheidender ist doch, dass eine Organisation sich insgesamt dauerhaft verbessert, in der die Menschen einander helfen, in der sie alle miteinander Verantwortung übernehmen. Das ist mein Ziel. Nicht Dienst nach Vorschrift, sondern der Blick über den Tellerrand ist aus meiner Sicht das Gebot, um auch im Sport eine tragfähige Organisation zu schaffen.

Dieser Weg, dieses gemeinsame Entwickeln, ist alles andere als bequem. Ich halte ihn aber für aufrichtig und langfristig auch für geeignet, junge Menschen zu überzeugen. Bei uns geht es nicht um Work-Life-Balance oder andere, gut klingende

Versprechen. Bei uns wird schon ein bisschen mehr verlangt von den Leuten. Aber das ist im Radsport ohnehin nicht anders möglich. Umso schöner ist es doch, wenn die Ideen aus dem Team ausgetauscht werden, wenn es ernsthaftes Feedback gibt und eine professionelle Mitarbeiterführung. Das bedeutet für mich: ein Team entwickeln, dem die Leute vertrauen und das damit überzeugt. Man kann im Peloton rumfragen: BORA-hansgrohe gilt heute als superseriös. Während der Coronapandemie haben wir unsere Gehälter bezahlt, das ist eine enorm wichtige Botschaft, denn unsere Ambitionen fußen auf einer sicheren Grundlage. Das ist heute wichtig. Zugleich musst du mit einem Team sexy sein, und sexy – das sind in der Zukunft vor allem Werte. Ich glaube, auf diesem Weg bin ich mit meinem Team ein gutes Stück vorangekommen. Dass ich aus einem Nachwuchsteam mit hohem Anspruch den Sieger beim Giro d'Italia hervorgebracht habe, ist inzwischen Geschichte. Aber das war eben nicht mein Werk, sondern das Ergebnis eines Mindsets, der in einem ganzen Team gewachsen ist. Die Stellschrauben, an denen jeder Einzelne drehen kann, damit alle gemeinsam profitieren, sind sehr vielseitig. Es geht um Trainingspläne, um Teammeetings, taktische Manöver, um bessere Software, Marketing-Tools, neue Partnerschaften, um die in Eigenregie durchgeführte Reparatur eines defekten Busses, um das Anreichen von Flaschen am Streckenrand, um spontane Entscheidungen und langfristige Ziele, es geht um Geld und Charakter. Es geht darum, nicht zu warten, bis irgendjemand etwas macht. Sondern: selbst die Initiative zu ergreifen. Ich glaube, dass man langsam versteht, dass ich in all diesen Dingen einen hohen Anspruch habe und nicht nur große Töne spucke. Ich bin optimistisch, dass möglichst viele in meinem Team diesen Weg mitgehen und verstehen, wie ich denke.

Denn es ist eigentlich ganz einfach, wenn man besser werden möchte. Es geht dann nicht um festgefahrene Abläufe oder Dienst nach Vorschrift. Es geht darum, gemeinsam Einsatz zu zeigen und hungrig auf mehr zu sein. Nur alles zählt.

Eine dauerhaft erfolgreiche Sportorganisation aufzubauen bedeutet für Ralph Denk, die ausgetretenen Wege im Radsport zu verlassen und eine werteorientierte, attraktive Marke zu schaffen. Hier geht es nicht so sehr ums Marketing, sondern darum, Charakter und Verantwortung zu verkörpern. Denk geht als Gründer voran und gewinnt ein Team von Leuten, die sich einbringen und ihr Potenzial entwickeln. Daraus entsteht ein Unternehmen, das bereit ist, auf zeitgemäße Weise mit seinen Mitarbeitern zu sprechen und zugleich ein hohes Maß an Verantwortung von ihnen zu verlangen. So entsteht ein Team, das sich gemeinsam weiterentwickelt und bereit ist, an möglichst vielen Stellschrauben zu drehen und nach besseren Lösungen zu suchen.

Über die Autoren

Ralph Denk, geboren 1973 in Bad Aibling, ist Gründer und Manager von Deutschlands erfolgreichstem Profiradsportteam. Als aktiver Rennradfahrer wurde er mehrfach Bayerischer Meister. Ab 2001 feierte er zahlreiche Erfolge als Teammanager eines eigenen Mountainbike-Rennstalls. 2010 gründete er ein professionelles Straßenradsportteam, das seit 2017 unter dem Namen »BORA – hansgrohe« zu einem der Spitzenteams im Profiradsport aufstieg.

Tim Farin, geboren 1976 in Troisdorf, schreibt seit 2005 als freier Journalist über den Radsport. Für das Magazin *TOUR* liefert er Interviews und Reportagen aus dem Profisport und von Hobbyrennen. Der Absolvent der Deutschen Journalistenschule ist selbst aktiver Rennradfahrer. Zusammen mit Radsportlegende André Greipel verfasste er dessen Autobiografie *Aus dem Windschatten*.

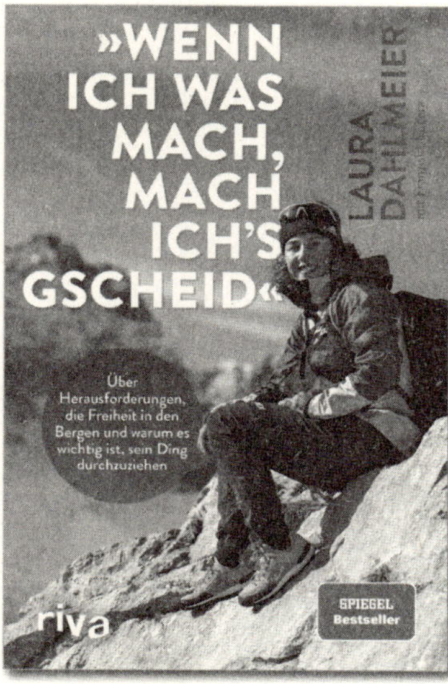

Auch als **E-Book** erhältlich

224 Seiten
18,00 € (D) | 18,60 € (A)
ISBN 978-3-7423-2176-3

Dahlmeier, Laura; Kučera, Franziska

»Wenn ich was mach, mach ich's gscheid«

Über Herausforderungen, die Freiheit in den Bergen und warum es wichtig ist, sein Ding durchzuziehen

Laura Dahlmeier – das ist die erfolgreiche Biathletin und Olympiasiegerin, die sich mit nur 25 Jahren aus dem Leistungssport zurückzog. Eine strahlende Siegerin im Licht der Sportberichterstattung. Doch Biathlon war immer nur ein Teil ihres Lebens. Lauras große Leidenschaft gehört den Bergen. Aufgewachsen in Garmisch-Partenkirchen wurde sie von ihren Eltern früh an diese herangeführt. Beim Klettern und auf Skiern blieb sie dem Bergsport auch während ihrer Karriere im Biathlon treu und ging dafür ihren ganz eigenen Weg. In ihrem Buch berichtet sie von anspruchsvollen Touren in den Alpen und großen Abenteuern in fernen Bergen. Spricht offen über die Gefahren, die der Alpinismus mit sich bringt, erzählt davon, wie ihr die Natur Kraft gibt, und erläutert die Gründe für ihren Rückzug vom Profisport. Laura liebt die Freiheit, die sich im Gebirge besonders gut ausleben lässt – und motiviert auch uns, unsere Träume zu verwirklichen.

Mit einem Vorwort von Thomas Huber

riva